なりたい
自分になれる

# 文字のちから

一流人への近道
筆跡トレーニング

筆跡診断士
小山田香代

目次

## プロローグ

## 第1章
# なぜ「字」を変えるだけで、仕事ができる人に変身できるのか？

## 第2章

# ここだけは押さえておきたい 基本の書き方

## 第3章

# 字の書き方をこう変えると、売れる（稼げる）営業マンに変身できる

## 第4章

# 字の書き方をこう変えると、リーダーシップが発揮できる

## 第5章

# 字の書き方をこう変えると、コミュニケーション能力が高まる

## 第6章

# 字の書き方をこう変えると、頭がみるみる冴える

## プロローグ

### 〝仕事ができる人〟〝仕事ができない人〟の意外な相違点

ビジネスシーンを見渡すと、仕事ができる人もいれば、そうでない人もいます。

この違いはどこにあるのか、考えたことがありますか？

「営業力（稼ぐ力）の有無」「リーダーとしての資質の有無」「コミュニケーション能力の有無」「実務処理能力の有無」等々、いろいろ挙げられますよね。

では、これらが備わっているかどうかが瞬時にわかる方法があるといったら、ちょっとビックリしませんか。

それが、その人が書く字、すなわち〝筆跡〟なのです。

書道の世界には「書は人なり」という言葉があります。文字はその人の人柄を表すという意味ですが、細かくいえばそこから性格や心理状態や行動パターンといったものも読み取ることができます。

これを「**筆跡診断**」といい、この方法を使えば「**この人は仕事ができる**」「**この人は仕事ができない**」**といったことも瞬時に判別できるのです。**

エッ、にわかには信じられないですって？

**それならば、試しに自分の名前を書いてみてください。**

**あなたの書いた字（名前）のサイズは大きいほうですか。小さいほうですか。**

小さいと思った人にお尋ねします。仕事に自信が持てなくはありませんか。人から「元気がない。覇気がない」と言われたりはしませんか。ほーら、図星でしょう。

また、自分の名前をメモの殴り書きのように乱雑に書いた人は、職場の上司や先輩から「仕事が雑でいい加減だ」とよく注意されることはありませんか。どうです。これまた図星でしょう。

**今度は「子」の字を書いてみてください。二画目の線を下ろしたとき、跳ねていないか、あっても弱かったりはしませんか。**思い当たる人は仕事がうまくいかなくなると、すぐにあきらめたりはしませんか。これも当たっていますよね。

でも、「だから自分は仕事ができない人間」と決めつけ、心をへこませるのは早計というもの。

これから本書でお伝えする「**字の書き方をちょっとだけ変えるテクニック**」をマスターすることで、筆跡を改善していけば、**誰もが短期間で仕事ができる人に変身を遂げることが可能になる**のです。

しかも、その方法はものすごく簡単。詳細は後述しますが、**手書きで字を書く機会を意識的に増やすだけでいいのです。**

また、誤解がないように申し上げておくと、けっして美文字を目指すものではありませんが、筆跡改善のトレーニングを行えば、キレイな字まで書けるようになるという利点もあります。

ともかく、**意識して字の書き方を変えることで自然と意識が変わり、意識が変わることで自然と行動が変わり、行動が変わることで自然と仕事のできる人に変身できるのです。**仕事のできる人に変身したければ、字の書き方を変えるだけです！

## 筆跡診断との出合い

本論に入るまえに、少しだけ自己紹介をさせてください。なぜ私が筆跡診断士になったかについてです。

私は短大を卒業後、ＯＡインストラクターとして大手のパソコンメーカーに勤務。その後、いくつかの職を経て、職業訓練校の講師として、パソコンやビジネスマナーやコミュニケーションなどの項目を訓練生に教えるようになりました。

当時、私が講師を務めていた職業訓練校は国からの受託で経営が成り立っていたものの、訓練生の就職率が悪いと、受託が打ち切られる可能性がありました。そのため、経営陣も講師たちも訓練生の就職率を高めることに躍起になっていたのです。

そんなあるとき、私は打ち合わせで、ある自治体の方とお会いしたことがありました。

その方は筆跡診断の勉強をされているらしく「小山田さんの筆跡も診てあげます」と言ってくださったので、興味半分に自分の書いた字を診断してもらったところ、驚きのあまり絶句してしまいました。

「マジメで責任感が強いと他人から言われるでしょう」「でも、頑固なところもありますね」「オシャレにこだわるでしょう」「今、精神的にかなりまいっていませんか?」など、私の性格や心理状態を全部言い当てられたからです。

「ウソでしょう。なんでわかるのかしら。この人、霊能者?」

そう思った私が理由を尋ねると、その方いわく「だって、あなたの字にすべて表れていますからね」

これが私と筆跡診断との最初の出合いでした。以来、私は筆跡診断に大いに興味・関心を示すようになり、勉強をはじめ、筆跡診断士の資格を取得。職業訓練にもそれを取り入れるようになったのです。

## 「字」を変えると、人生までもがうまくいく!

私が職業訓練に筆跡診断を取り入れたのにはそれなりのワケがありました。前述したように、訓練生の就職率が悪いと国からの受託が打ち切られ、学校が経営難に陥る可能性があったため、就職率のアップに役立てようとしたのです。

当時の私は十代から六〇代まで二〇人以上の訓練生がいるクラスを受け持っていました。二〇人以上も訓練生がいると、一人ひとりに密に接していくのが難しくなり、個々の性格や心理状態といったものが把握しづらくなります。そうなると、その人に合った指導を行うのも難しくなります。

しかし、**筆跡診断を用いることで、ある程度の性格や心理状態がつかめれば、訓練生一人ひとりに合った適切な指導が行えるようになり、就職率のアップにつながるかもしれない**。そう考えたのです。

実際、訓練生の筆跡を診ると、「この人は見かけによらずメンタルが弱い」「自己アピールが下手そうだ」「人間関係のストレスに弱そうだ」といったことが次々と判明。そのおかげで、訓練生の性格や心理状態に合った指導法が行えるようになりました。

また、訓練生にも筆跡トレーニングを行うようにアドバイスしました。トレーニングを行うことで筆跡を改善すれば、その人が抱えている問題も解消していくのではないかと予測したのです。

実際、**私のアドバイスに素直にしたがった人とそうでない人の結果は雲泥の差**。前者の人たちは全員が就職を果たすことができました。

物事には「絶対」とか「百パーセント」はないといいますが、**筆跡改善の効果は例外中の例外で「絶対」「百パーセント」**。改めて筆跡診断の奥深さと実用性に驚くとともに、私自身の診断の精度も日に日に上がっていくようになりました。

すると、どこで噂を聞きつけたのか、訓練生だけではなく、一般の人からも「私の筆跡を診断してほしい」という個別診断の相談を受けるようになり、その数は日増しに増えるようになりました。

そして、実際に筆跡トレーニングを行った方々から、

「営業成績が急激にアップした」
「念願のカフェがオープンできた」
「第一志望の会社（大学）に入社（入学）できた」
「念願の会社を設立することができた」
「職場の仲間たちと良好な関係が築けるようになった」
「恋人ができた（結婚できた）」

といった嬉しい報告を受けるようになったのです。

そうなると、こちらまで感動し、ハッピーな気分になります。

職業訓練校の講師に加え、筆跡診断士として活動することにもおもしろさ、やりがいを感じるようになりました。

しかも、この頃になると、個別診断に加え、講演会やセミナーや企業の研修依頼のオファーもたくさん来るようになったため、思い切って訓練校を退職。二〇一六年にフリーの筆跡診断士として新たなスタートを切ったのです。

## 「悩み多き職業訓練生」の筆跡診断をしてわかったこと

ところで、一五年以上にわたって職業訓練校の講師をしていて、気づいたことがあります。それは昔と今とでは、訓練生の質が違ってきていることです。

私が講師になりたてのころは、訓練生の大半は「転職＝ステップアップ」という考えが主流を占めていました。「秘書の仕事に就きたいので、コミュニケーション能力を高めたい」「パソコンのスキルを強化して、事務処理能力を高めたい」といったように、向上心がありハングリー精神に満ちていて、前向きな姿勢でいる人がほとんどでした。

しかし、今はそういう人はごくわずか。大半の人は「転職＝仕方なく」という考えで学校に通っています。そう、「リストラに遭い会社をクビになったから……」「上司のパワハラに耐え切れなくなり前の会社を辞めたから……」という〝訳アリの人〟が多いのです。

だから、以前に比べ、向上心やハングリー精神に欠け、姿勢も後ろ向き。自信がなく、自己肯定感が低い人の入校率が高くなりました。

自己肯定感が低いと、当然ながら自己否定をすることが多くなり、私と会話をしていても、事あるごとにこんな言葉が口から飛び出します。

「自信がありません」

「やっぱりダメです。できません。無理です」

「どうせ、私なんか……」

「毎日がつまらない」

「やる気が起きません」

「人づきあいに苦痛を感じます」

そして、それは字にも面白いほどはっきりと表れています。

そんな人たちでも、私のアドバイスにしたがって筆跡トレーニングを行うと、またたく間に一変。今度は次のような言葉を口にするようになります。

「だんだんと自信が持てるようになってきました」

「できそうです。うまくいきそうです」

「きっと、私も……」

「毎日が充実しています」

「やる気が出てきました」

「人と会うのが楽しいです」

なぜだかわかりますか。**それは字の書き方を変えることによって、性格や行動パターンに変化が生じ、仕事上の問題点も自然に矯正できるようになり、自己肯定感が高まるようになるからです。**

## 筆跡を変えれば、ポテンシャルが高まる

筆跡を改善すれば自己肯定感が高まる――これはいい換えると、ポテンシャルが高まるといえなくもありません。

ポテンシャルとは「潜在的な能力」や「可能性」を表す言葉で、ビジネスシーンに置き換えると、「将来性がある」「成長する」「素質がある」「才能が発揮できる」という意味になります。

では、なぜ字の書き方を変えると、ポテンシャルが高まるようになるのでしょうか？

詳しくは第一章でお伝えしますが、ここでは深層心理が大きく関係していることについて簡単にふれておきましょう。

私たちが字を書くとき、「名前を書くのか」「住所を書くのか」「要件を書くのか」といったことは頭で考えるものの、**字そのものは無意識に書いています。この無意識に書くというところがミソで、このとき、その人の中に潜んでいる感情や考え方が自然に表れます。**

よって、**筆跡を見れば、その人の行動傾向（パターン）が推測できるし、行動傾向（パターン）がわかれば、その奥にある性格や深層心理も見当がつくわけです。**

要するに、行動傾向（パターン）と深層心理は連動していて、字を書くという動作は、その人の心理状態を知るうえで格好の手がかりとなってくれるのです。

しかし、「逆も真なり」とはよくいったもの。**筆跡を自分の望む方向に意識的に変えていけば、深層心理にも変化が生じるようになります。**

**それによって、脳が望む方向へ向かうように動き出し、性格や行動パターンも変わるようになり、ひいては仕事ぶりそのものも変わるようになるのです。**

## 筆跡を変えただけで、私はここまで変身できた

実は私自身も字を変えることで、人生、とりわけ仕事のポテンシャルを大きく高めることができたうちの一人です。

筆跡診断を知る前の私はどちらかというと、書く字は小さく、筆圧も弱いところがありました。これはいつも疲れを感じている証拠、ストレスをためている証拠です。

でも、筆跡のすごさを痛感して以来、意識して字を大きく書いたり、筆圧を強くするほか、それぞれの字の書き方を変えるように心がけてからは状況が一変。どんなに忙しくても疲れをほとんど感じなくなりました。

そして何よりも嬉しかったのは、仕事運がメキメキアップしたことでした。

ひとつ具体例を紹介しましょう。私は一時期ある外資系の生命保険会社で営業（ファイナンシャルプランナー）の仕事をしていたことがありました。

営業の仕事をやるからには社交的になって人脈や交友関係を広げなくてはならないし、相手を思いやる心を持つ必要もあります。

**そんな私が目をつけたのは「様」の字でした。様の字は偏《へん》と旁《つくり》で成り立っています。筆跡診断では、偏と旁をあけて書くと、社交的になり、心が広くなるといわれています。また、人、情報、お金など、仕事に有益なモノを引き寄せる効果があるともいわれています。**

**そこで私はお客様になるべく多くの手紙を出すように心がけ、宛名は印刷ではなく、**

**手書きで宛名を書き、特に「様」の字を意識して書くようにしたのです。**

様の字以外でも、お客様の名前（漢字）や住所に偏と旁のあるものがあれば、筆跡のトレーニングができると大喜び！　一字一字心を込めて書いたものです。

すると、どうなったと思います？　営業経験など全くなかったにもかかわらず、なんとその年の新人賞を取ることができたのです。

## ラジオのパーソナリティを務め、本まで出すなんて……

また、フリーの筆跡診断士になってからは、大勢の人に筆跡の大切さ・すごさを知ってもらいたいという思いから、ラジオ番組に出演することを願うようになりました。

そこで願いがかないやすくなる筆跡メソッドを心がけたところ、程なくして知人の口利きで、あるラジオ番組にゲストとして呼ばれることができました。

このときの私のトークが好評だったのでしょうか、他のラジオ番組にもゲストとして出演させてもらうことができ、その後、同局から「これからはゲストではなくパーソナリティを務めてもらえませんか」というオファーまで頂戴。週に一回、夜の三〇分番組で筆跡の話をすることができるようになったのです。

そんな私の夢はますます膨らんでいき、今度は自分の名前で筆跡をテーマにした本を出したいと願うようになりました。

「こういう字の書き方を心がけていれば、本を出すことも夢ではない」

「よーし、ライフワークをますます発展させてみせるぞ」

そう自分に言い聞かせながら、仕事の合間をぬってはトレーニングに励んだところ、群馬のある有力者と知り合うことができ、その方がKさんという東京在住の出版プロデューサーを紹介してくれました。

Kさんは新人著者の発掘に力を注いでいたようで、私がアイディアをお話すると、大いに共感してくれ、早速、出版社に企画を売り込んでくださり、二〇一七年の二月、とうとう出版社から自分の名前で本を出すことができたのです。

## 筆跡を変えれば、今日からあなたも仕事ができる人

誤解がないように申し上げておきますと、私には特別な才能があったわけではあり

ません。人一倍、努力をした……というわけでもありません。むしろ、筆跡診断と出合う前の私はいたって平凡なＯＬでした。

にもかかわらず、ここまで大変身を遂げることができたのは（少なくとも、周囲の人たちから仕事ができる女性と評価されるようになったのは）、何度も申し上げているように、字の書き方を変えたからにほかなりません。

**字の書き方を変えたら、意識が変わり、行動が変わり、それによってライフワークが大きく発展していった……という感じなのです。**

これは私に限ったことではありません。私の身近にも、字の書き方を変えただけで、仕事ができる人、ポテンシャルが高まった人がたくさんいます。

たとえば、次のようにです。

■字の書き方を変えた途端に、やる気が湧いてきて、営業ノルマがみるみる達成できるようになり、営業強化月間ではトップの成績を上げることができた（三〇代・男性）。

■赤字つづきの美容サロンを経営していたが、筆跡トレーニングを行うようになってからは、新規予約のお客様からの電話が鳴りやまなくなった（三〇代・女性）。

■字の書き方を変えたら、建設現場の監督として、三〇人以上いる作業員たちをうまくまとめることができるようになり、工期を大幅に短縮することができた（四〇代・男性）。

■字の書き方を変えたら、ギクシャクしていた上司との関係が改善し、最近はよくお酒やカラオケを誘われるようになった（二〇代・男性）。

■字の書き方を変えるようにしたら、記憶力が高まるようになり、念願のＦＰの資格試験に見事合格した（三〇代・女性）。

**■筆跡トレーニングを行うようになってから、おもしろいようにアイディアが湧いてくるようになり、プレゼンが通りやすくなった（三〇代・男性）**

どうです？　あなたも筆跡診断にだんだんと興味が持てるようになってきたのではないでしょうか。

エッ、まだ信じられないですって？　胡散臭いですって？

それならば、論より証拠。だまされたと思って、あなた自身がこの本で述べる通りに字の書き方を変えてみてください。

意識して字の書き方を変える、たったこれだけのことでも、毎日続けたら、あなたの仕事ぶりに必ず大きな変化が起こるであろうことを断言しておきましょう。

## へたな自己啓発よりも筆跡改善！

セミナージプシーという言葉をご存知でしょうか。

セミナージプシーとは一つや二つのセミナーでは飽き足らず、いろいろなセミナーを渡り歩いている人のことをいいます。自己啓発関連のセミナーを渡り歩く人が多いことから「自己啓発病」ともいわれ、その数は年々急増しているともいわれています。

セミナージプシーに陥るパターンはさまざまですが、共通していえるのは、どうにかして今の自分を変えたいという強い思い。成功を願う気持ち。

これはこれで大切なことですが、いくつものセミナーを渡り歩くとなると、お金だってバカになりませんよね。

それにセミナーに参加すれば、「やるぞー」とモチベーションも高まるかもしれませんが、それってあくまで一時的なものです。なぜ一時的かって？　「やるぞー」が深層心理にまで浸透していかないからです。

深層心理にまで浸透していかないということは、性格や行動パターンも変わらない。だから、仕事ぶりも変わることがないのです。

だとしたら、**へたな自己啓発よりも筆跡の改善に意識を向けませんか。余計なお金をかけることなく、まずは字の書き方を変えてみませんか。**

今の時代、パソコンや携帯電話の普及によって、確かに手書きで字を書くことは減りました。字を書くというよりも、パソコンや携帯電話に字を打ち込むことのほうが大半を占めています。

それでも、よくよく思い返せば、手書きで字を書く機会は意外と多いものです。たとえば、何かの申込書や申請書に自分の名前や住所を記入するとき、たいていは直筆ですよね。真心を込めてハガキや手紙を書くときも、だいたい手書きですよね。日記をつけたり、メモ帳に要件を記すときも手書きの場合がほとんどです。職場の仲間に伝言するときも手書きです。

したがって、そういうときこそ「仕事ができる人間になるための格好の筆跡トレーニングの場」として生かしてほしいのです。

そのための方法をこれからできるだけ丁寧に紹介していきます。

「今すぐ仕事に役立てたい」という人は第一章を読み飛ばし、第二章から読んでいただいてもかまいません。あるいは目次を見て、「今の私に必要なのはこれだ」というものがあれば、その頁からめくるなど、ランダムに読んでいただいてもかまいません。

そのあとで興味を持っていただいたら、あるいは筆跡診断のエビデンスを知りたければ、改めて第一章に目を通してもらってもかまいません。

本書が仕事ができる人になるためのガイド本として、お役に立つことを願っています。

# 第1章

## なぜ「字」を変えるだけで、仕事ができる人に変身できるのか？

## 筆跡診断と筆跡鑑定、ここが違う

「筆跡診断？　筆跡鑑定の間違いではないですか？」
「筆跡診断と筆跡鑑定はどこがどう違うのですか？」

こういう質問をたまに受けることがあります。

筆跡診断という言葉を初めて耳にする人の中には、そのへんが一緒くたになっている人も多いようなので、まずはこの二つの違いについて述べておきましょう。

筆跡鑑定とはわかりやすくいうと、文字の特徴などから、書いた人間が同一人物なのか、それとも別人であるのかを識別する方法のことをいいます。

本人が書いた遺言書に間違いないのかを念入りに調べたり、差出人不明の強迫文書から容疑者を割り出すシーンがテレビドラマなどに登場しますよね。あれがまさに筆跡鑑定です。

これに対し**筆跡診断とは、字の特徴などから、その人の性格や行動傾向（パター**

**ン）やクセといったものを探り出していく診断法のことをいい、欧米では「グラフォロジー」（筆跡心理学）と呼ばれる学問の一分野として古くから存在していました。**

とくにフランスでは、筆跡診断士は国家資格に準ずる資格として、医師・弁護士・会計士等と同等の権威を持っていて、一四〇年以上の歴史があるのです。

日本では、明治維新後、留学生が欧米にわたり、医学や物理学や経済学などさまざまな学問を学んだ際、グラフォロジーにもふれたはずですが、学問の対象として重視されなかったようです。

アルファベットがAからZまでの二六文字なのに対し、日本の文字は平仮名やカタカナの五十音のほかに、常用漢字だけでも二千文字以上あります。これだけ膨大な数の字の特徴を一つずつ調べていくのは至難の技。気の遠くなる作業です。

また、アルファベットと日本語の形の違いもあり、日本では役に立ちにくいと考えられて紹介されなかったのかもしれません。

## 日本の筆跡診断はこうして生まれた

そんな日本において筆跡診断（筆跡心理学）の確立に尽力したのは、日本筆跡診断士協会会長の森岡恒舟先生でした。

森岡先生は東京大学の文学部心理学科を卒業後、主に人事や労務管理の仕事に従事され、七〇年代のなかばに書道の学校を設立。八〇年ごろから筆跡の研究に没頭されるようになりました。

そもそものきっかけは、学校で書道塾の先生を目指す人たちにマンツーマンの指導を行い、日本における律宗の開祖・鑑真《がんじん》が書いたとされる「大」の字を書かせたことにありました。

ほとんどの生徒が手本のように書けません。縦線の頭部を上に伸ばすように指導しても、抵抗があるのか、筆の動かし方がままならないのです。

「生徒たちの筆の動かし方に問題があるとしたら、根強い心理的な要因が関係してい

頭部長突出型

頭部長突出控え目

る可能性がある」

そう考えた森岡先生は独自の研究を始め、ひとつの結論を出すに至りました。

「鑑真の筆のように、縦線の頭部を上に伸ばせない生徒たちは、人の上に立って行動するタイプではなく、人に付き従っていくタイプなのかもしれない」

以来、森岡先生は日本の文字の痕跡からその人の個性や行動傾向などを分析する独自の研究に没頭。二〇年以上の歳月をかけて、それを体系化しました。

欧米に比べると歴史が浅いのは事実です。しかし、その分、独自の発展を遂げ、日本語からその人の性格や行動傾向（パターン）を読み取るという意味においては、日本の筆跡診断には特有の奥深さがあるのです。

## 成功者の筆跡を分析してみる【その1　松下幸之助】

プロローグでもお伝えしましたが、筆跡からは性格や心理状態や行動パターンといったものを読み取ることができます。それによって、「この人は仕事ができる」「この人は仕事ができない」といったことも瞬時に判別できます。

では、実際に成功者と呼ばれる人たちは、どのような字を書いていたのでしょうか。あなたが普段書いている字と、どこがどう違うのでしょうか。

ここではまず経営の神様と呼ばれたパナソニックの創業者・松下幸之助氏の筆跡を診ていきましょう。

次頁の図をご覧ください。これは松下幸之助氏の直筆のサインです。

まずはいちばん上の「松」の字に注目。**二画目の縦画が一画目の横画を大きく突き抜けているのがおわかりですよね。これは、上から人をグイグイ引っ張っていくことを象徴しています。**

詳細は第四章でお話ししますが、リーダーシップを発揮する創業者タイプの人は、このような書き方をする傾向が高いのです。

次に、同じ「**松**」**の字の一画目の横画に注目してください。左に長く引いて書いていますよね。**

松下幸之助氏の直筆サイン

**この書き方は「自分の考え、アイデアなどを自分の中に溜め込まず、外へ出したい」という深層心理の表れでもあり、先見の明があることも表しています。**

これは若いころの松下氏が大阪で市電が走るのを見て、「これからは電気の時代がやってくる」と確信したことからもうかがい知ることができます。

そして、もうひとつ注目していただきたいのは、いちばん下の「助」の字。**旁《つくり》の「力」の一画目のハネの部分が、もはやハネというよりも、弧を描くように大きく丸みを帯びた形になっています。**

**これを筆跡の専門用語で「大弧型」というのですが、こういう字を書く人はあふれんばかりのエネルギーに満ちていて、人間としてのスケールも大きく、存在感があります。また、寛大で責任感が強く、カリスマ性を持ち合わせているの**で、まさしくトップの器を象徴した筆跡といっていいでしょう。

トップの器といえば、豊臣秀吉も例外ではなく、この筆跡をしていました。次頁の図でもわかるように、秀吉の場合、ひらがなの「ろ」という字が弧を描いています。

そのため、「大弧型」は別名「太閤型」とも呼ばれています。

丁稚奉公から、日本屈指の大企業のトップになった松下幸之助氏。一介の農民から天下人にまで昇りつめた豊臣秀吉。どちらも筆跡が大物であることを現しているのは確かなようです。

豊臣秀吉の筆跡

## 成功者の筆跡を分析してみる【その2　本田宗一郎】

次に、街中の一介の自動車工場を世界のホンダにまで成長させた本田宗一郎の筆跡を診てみましょう。

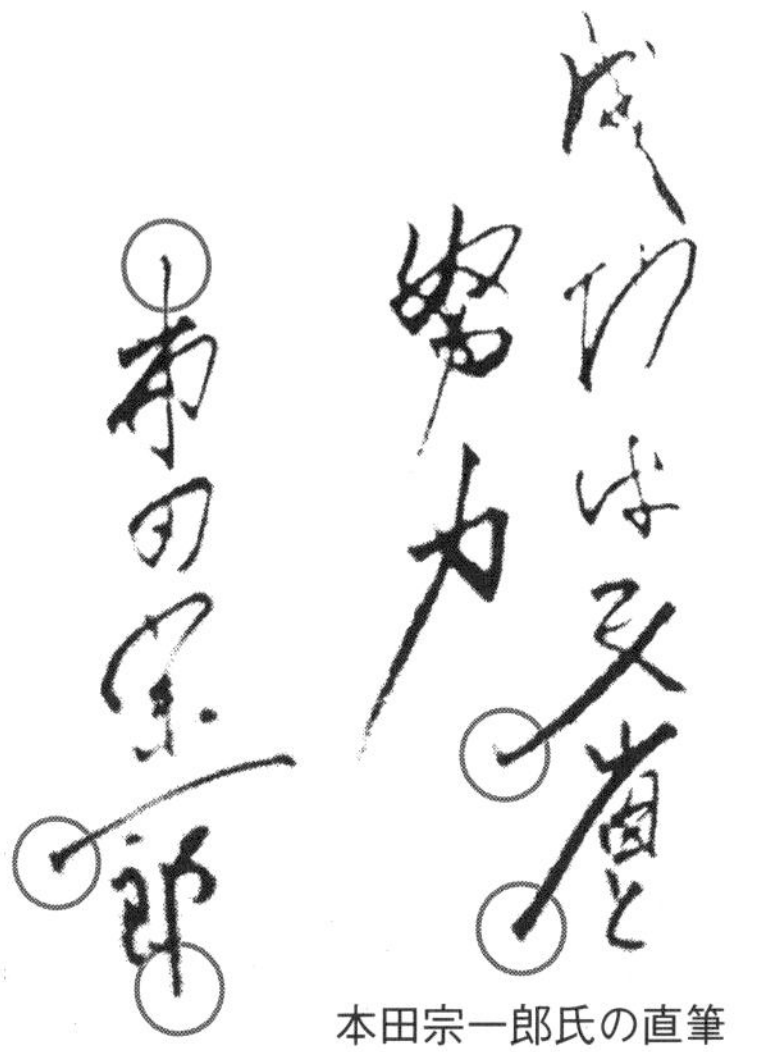

本田宗一郎氏の直筆

上の図をご覧ください。これは本田宗一郎氏の直筆のサインです。

これもまず注目してほしいのは、本田宗一郎の「本」の字。前項で紹介した松下幸之助氏と同じで、**二画目の縦画が一画目の横画を大きく突き抜けています。そう、上から人をグイグイ引っ張っていく創業者タイプのリーダーに多く見られる筆跡です。**

次に注目すべきは、**本田宗一郎の「一」の字。横画がビックリするほど長く伸びています。**これを筆跡の専門用語で**「横線左方長突出型」といい、才気あふれる人、頭の回転がいい人、先見の明がある人**に多く見られる筆跡です。

続いて、**「郎」の字。九画目の縦画が長めになっています。これは「縦線下部長突出型」といい、より良い結果を出そうとする気持ちを表しています。**平凡では満足できず、上昇志向が強く、人並み以上の努力を惜しまない人に多く見られる筆跡です。「私の現在が成功というなら、私の過去はすべて失敗が土台づくりをしていることになる。私の仕事は全部失敗の連続である」という氏の名言がそれを物語っているといっていいでしょう。

そして、もうひとつは**「反省」の二文字。「反」の二画目、「省」の四画目のハライが異様に長い**ですよね。これを専門用語で**「左ばらい長型」といい、美しいモノや華やかなモノが好きな人、目立ちたがり屋の人**に多く見られる筆跡です。実際、本田氏はまだ洋服が珍しい二〇代のころ、派手なシャツを好んで着ていたといいます。

また、左払いを長く書く人は、**自己表現力が豊か、華やかで人目を惹き、目立ちます。**

一休宗純の書　　源頼朝の書　　武田信玄の書

**一休さんこと、臨済宗の僧・一休宗純の筆跡**がまさにその典型。**四画目の左払いが異様に長く伸びています。**あれだけたくさんのトンチにまつわるエピソードを残したのは、それだけ**目立ち、華やかで派手でもある**と言えます。

存在感を象徴する筆跡といえば、**源義経と武田信玄**がそう。二人が戦場に陣を張ると、兵士たちの士気は大いに活気づいたといいます。きっと相当目立つ存在だったに違いありません。

いかがです。筆跡から性格や心理状態や行動パターンといったものが読み取れることが、これで少しはおわかりいただけたのではないでしょうか。

そして重要なのはここから。松下幸之助氏や本田宗一郎氏とまではいかないにしても、筆跡を変えればあなたも仕事ができる人、ひいては成功者の仲間入りを果たすことが十分可能になるのです。今からでも遅すぎることなんかないのです。

## 筆跡を変えると、なぜ〝仕事ができる人〟に変身できるのか？

プロローグでもお伝えしたように、**自分の望む方向に意識的に字を変えて書くように努めれば、深層心理にも変化が生じるようになります。それによって、脳が望む方向へ向かうように動き出し、性格や行動パターンも変わるようになり、ひいては仕事ぶりそのものも変わるようになります。**

ここからはそのメカニズムをもう少し詳しくお話ししましょう。

まずは紙とペンを用意して、新しい元号・令和の「令」の字を書いてみてください。紙とペンが手元にない人は頭の中でイメージしながら書いてもかまいません。

さて、「令」の字を書いているとき、いちおう字を書くことに意識を集中させたと思いますが、一画目の左払いを書いた後、二画目の右払いをどのくらいの長さにするか……といったことを考えながら書いた人はあまりいないと思います。

一画目、二画目、三画目と書き進めるにつれ、意識せず、自然と手が動いていったのではないでしょうか。

そこにあなたの個性、性格、心理状態といったものが映し出されているのです。

そして、たとえば令和の「令」の字の二画目の右払いが短いことに気づいたので、右払いを長くのびやかに書こうと決めたとします（そうすることで、仕事に熱中・没頭できるようになる効果があります）。

そうはいっても、長年、身についた習慣なので、すぐにはなかなか改善されません。

けれども、**右払いのある字を書くとき、「長くのびやかにしよう」ということをいつも意識すれば、その思いが深層心理にまで浸透していき、深層心理下の行動管理機能も変化するようになります。**

すると、**行動傾向（パターン）や性格にも変化が表れ**、「今日中にプレゼンの資料をまとめてしまおう」「同僚から飲みに誘われても、今日は断ろう」といったように、だんだんと仕事に熱中・没頭できるようになります。

そして、気づいてみれば、**右払いのある字を書くとき、無意識に長くのびやかにする習慣が身につき、完全に仕事に熱中・没頭できるようになるわけです。**

## 筆跡を変えると、感応力が磨かれる

字の書き方を変えると、深層心理下の行動管理機能も変化するようになるといいましたが、これは言い換えると、**感応力が磨かれていく**証拠でもあります。

感応力とはわかりやすくいうと、人が一定の行動を取るとき、これまで身につけてきたパターンから外れないようにしようとする深層心理特有の作用のことをいいます。

わかりやすい例を出すと、パソコンのワープロ操作もまさに感応力の働きによるものです。

「愛」という字を打ち込むとき、どのキーを打ちますか。ローマ字入力の人は「A」と「I」を打ち込みますよね。

普段、パソコンを使っている人からすれば何でもない無意識の動作で、いちいち「Aのキーを打とう。次はIのキーを打とう」とは考えたりはしません。

しかし、パソコンを習いたてのころはどうだったでしょう。

「Aのキーはどこだっけ？　あ、ここだ」「Iのキーは、どこかな？」と、いちいち探しながら、考えながら行っていたはずです。

それが今では考えたことなんかない。無意識にキーが打ち込めるようになった。これはパソコンのワープロ操作を繰り返し行うことで、感応力が磨かれたからにほかなりません。

字の書き方もまったく同じです。

偏《へん》と旁《つくり》をあけて書く。横画の間隔を全部均等にして書く。ハネははっきりと力強く書く——こうした一連の筆跡改善トレーニングを行うと、はじめのうちは不自然さを感じたり、戸惑うこともあるかもしれません。

でも、それはちょっとの辛抱。**いつもそのことを意識して字を書くようにすれば、しだいに感応力が磨かれていきます。**

その結果、いちいち意識しなくても、「偏と旁をあけて書く」「横画の間隔を全部均等にして書く」「ハネははっきりと力強く書く」ということが自然体で行えるようになるのです。

## 筆跡改善は格好の脳トレ！

今度は、字を変えることで仕事ができる人に変身できるようになるメカニズムを脳科学の観点から見ていきましょう。

『自動的に夢がかなっていくブレイン・プログラミング』（アラン・ピーズ＆バーバラ・ピーズ著／サンマーク出版）という本に書かれていたことですが、アメリカのある大学教授が二六七人の人を対象に、目標達成率に関する実験を行ったことがありました。

実験の内容というのは、目標を紙に手書きした時と、パソコンのキーボードでタイプした時の達成率を比較するというものです。その結果、驚くべき数字が明らかになりました。**手書きのほうが、達成率が四二パーセントも上がった**というのです。

それにしてもなぜ？　実はこれ、指の動きが関係していました。

キーボードで文字をタイプするときに必要な動作は八種類。それに比例して、脳の神経の働きも限られてしまいます。

これに対して、手書きの時に必要な指の動きは複雑で、その数なんと一万種類。それに伴い、脳の神経の働きもキーボードのそれに比べると、はるかに多くなります。

なぜ多くなるかというと、**手で目標を書くと、それを達成したいという思いが強くなり、脳のＲＡＳが活性化するからだというのです。**

ＲＡＳとは脳幹にある「網様体」と呼ばれる神経の集まりのことをいい、人間の身体の生命活動を維持する重要な働きを担っています。私たちが呼吸できるのも、心臓が一定のリズムで鼓動するのも、すべてＲＡＳのおかげです。

**このＲＡＳは「私はこうなりたい」という目標を認知すると、その達成に向けて作動を開始する機能も兼ね備えています。**

その一つが情報の仕分けです。日々、大量に入ってくる情報をＲＡＳが選り分け、優先順位をつけてくれるのです。よく、ハワイに旅行に行きたいと願うと、ハワイ旅行のパンフレットが目につきやすくなることがありますが、これなどは、まさしくRASの働きによるものといっていいでしょう。おしなべて、RASから送られてきた情報に応じて、人間はどんな行動を取るべきかを考えるようになります。

筆跡の改善——手書きが脳にいい理由は他にもあります。それは脳の活性化。脳の中には、無数のニューロン（神経細胞）が存在しており、このニューロンが脳内のさまざまな場所へ情報を伝達することで、脳から体のあちらこちらに命令が下されます。いわゆる〝脳トレ〟というのは、脳内でニューロンを活性化させ、効率的に使うために訓練しようということです。ニューロンというのは筋肉と同じで、使えば使うほど活性化しますが、使わないとその動きが鈍くなるものなのです。

**ニューロンを活発に働かせる方法の一つに字を書くということがあげられます。字を書く時、脳のあちらこちらの機能を結びつけ、脳の機能をフル回転させています。**指先を繊細に動かすため、脳はとても集中し、神経細胞が活発に働きます。脳への血流量が増え活発化し、意欲や創造力、行動力などが高められるのです。

そして、前述の通り、**人が書いた字は深層心理により管理されています。**長い間書き続けた字のクセは、一朝一夕に変化するわけではありませんが、生まれつきのものではなく、後から身についたものですので、**意識して書き方を変えていくことで、必ず変わります。そして、字の書きクセが変化すれば、それとセットになっていた性格や行動傾向も変化します。それは、無意識下の行動管理機能が変化し、深層心理が変化したといえます。**

筆跡は、字を書くという行動の結果ですので、**字を書く以外の他の行動も同じ人間の行動であれば、同じ傾向が出てくるのは当然**のことで、筆跡が変われば他の行動にも影響してくるのです。

このように、字を書くことは脳科学的にも良いことが実証されており、それにプラスして筆跡診断的に字の書き方を意識して変えることで、相乗効果によって益々効果を期待できます。

包容力を育みたい、飽きっぽさを改善したいなどと思っても具体的な行動には移しにくく、改善までに時間を要してしまいます。今の人生に満足いかず、より良い人生を歩みたければ、意識して字の書き方を変え、ＲＡＳの目標達成機能、脳の活性化、深層心理下の行動管理機能を味方につければよいのではないでしょうか。

## 筆跡を変えれば心が変わり、心が変われば仕事ぶりも変わる

マザー・テレサは私たちに次のような名言を残してくれました。

思考に気をつけなさい。それはいつか言葉になるから。
言葉に気をつけなさい。それはいつか行動になるから。
行動に気をつけなさい。それはいつか習慣になるから。
習慣に気をつけなさい。それはいつか性格になるから。
性格に気をつけなさい。それはいつか運命になるから。

思考が原因だとしたら、運命は結果。考え方次第で人生は良くも悪くも展開してい

くという意味です。

しかし、そのことが理屈ではわかっても、そう簡単に考え方を良い方向に変えることなんかできません。「よし、ポジティブに！」と思っても、日々の生活は心が凹むことばかり。それができたら苦労なんかしませんよね。

では「思考に気をつけなさい」の前に、次の一文を加えたらどうでしょう。

**字の書き方に気をつけなさい。それはいつか思考になるから。**

そうです。字の書き方――筆跡が変われば、思考も変わるのです。そして、思考が変われば最終的に仕事ぶりも変わり、それは運命にも反映されていくのです。

## 筆跡を変えれば、美文字も書けるようになる

字の書き方を変えれば心が変わり、心が変われば仕事ぶりが変わる。これが本書で

いちばん強調したいことですが、この章の最後に意外な利点があることを追記しておきましょう。

プロローグでもお伝えしたように、**筆跡トレーニングは決して美文字を目的としたものではありませんが、字までキレイに書けるようになることです。**

筆跡トレーニングの大切さをお話すると、「私、字が下手だから……」と言ってくる人がたまにいます。筆跡トレーニングと字の上手い・下手はいっさい関係ありませんが、「字が下手だから」という人は、そもそも字を書かないから下手なのです。

これはある意味、筋トレをしないから、体のぜい肉が落ちないと嘆くようなもの。そんな人でも、筋トレを行えば体のぜい肉を落とすことができます。それと同じで、手で字を書くようにすれば、だんだんとキレイな字が書けるようになるものなのです。

とくに筆跡トレーニングを行うときは、「偏と旁の間をあけよう」「木の字を書くときは、二画目の縦画が一画目の横画を大きく突き抜けるようにしよう」といったことを意識するので、丁寧にバランスのとれた字を書かざるをえなくなります。

要するに、**丁寧にバランスのとれた字を書くということ自体が美文字のトレーニン**

**グになるわけです**。

しかも、美文字が書けるようになれば、誠実な印象を与えることができるため、他人から好感を抱かれるようになります。他人から好感を抱かれれば、その分いろいろな人からチャンスが提供してもらいやすくなります。

ともかく、**字の書き方を変えればいいことづくし**です。

# 第2章

## ここだけは押さえておきたい
## 基本の書き方

## 筆跡改善の基本は「習うより慣れる」「頭ではなく体で覚える」

ここからは筆跡改善のポイントをお伝えしていきましょう。

筆跡には性格・考え・行動パターンといったものが、そのまま表れていて、私から見ると、メンタルが弱い人はメンタルが弱くなるような字を、人間関係がうまくいかない人は人間関係がうまくいかなくなるような字を書いています。

だからこそ、メンタルが弱い人にはメンタルが強くなる字を、人間関係がうまくいかない人には人間関係がうまくいく字を書くように指導すると、状況は一変します。そして自己肯定感が高まり、かつての私の生徒の場合、「転職＝仕方なく」だったのが、「転職＝ステップアップ」へというように切り替わってきたのです。

もしも今、仕事がうまくいっていないとしたら、そういう状況を自ら招き寄せている何らかの字を書いている可能性があるのです。

「原因と結果の法則」の観点から言わせていただくと、原因（字）に問題があるので、そこを改善することで、結果（性格・行動パターン・仕事ぶり等）を好ましい方向に変えていくようにするのです。

そこで、この章では、「まずはここだけは押さえておきたい」という筆跡改善のベーシック・ポイントを紹介したいと思います。

引き合いに出すサンプルの字は、どれも小学校の低学年で習った画数の少ないものばかりですので、「習うより慣れる」「頭ではなく体で覚える」心づもりで、マスターしていってくださいね。

それぞれの字のページに練習用のマスを作ってあります。「ここだけは抑えておきたい」ベーシック・ポイントをしっかり頭に入れて練習してみてください。ここではスペースの関係で六回しかありませんが、ご自分で納得いくまで書いてみてください。さらに本書の最後が「筆跡トレーニング」の章となっています。トレーニングを進めて深層心理にまで浸透することで、必ずあなたのお役に立つ字を厳選してあります。「筆跡トレーニング」を有効にご活用ください。

★アピール力が強まり、情緒豊かで自己開示しやすくなる書き方

左右のハライをバランスよく、
長めに払う。

## ■左右のハライはバランスよく長めに払う

左右にハライのある「大」や「木」や「天」のような字を書くとき、**左右のハライが短かったり、終筆を止めてしまいスーっと伸ばさない人がいます。**

**そういう人は自己抑制心が人一倍強く、「目立ちたくない」という気持ちでいっぱい。引っ込み思案の傾向にあります。**

しかし、それだと何事に対しても消極的になるばかりか、「ここぞ」という場面、たとえば商談やプレゼンの場において、自己アピールする力まで弱くなります。

思い当たる人は**左右のハライをバランスよく長めにスーっと払うようにしましょう。**

そうすることで、情緒豊かで、感情が表に出やすくなり、アピール力や自己開示力が強くなります。

ちなみに、**左のハライは華やかさと自己表現の向上を表し、右のハライは他人に対する感動・感激しやすさを表すため、この二つの相乗効果によって、人間的魅力度が増していくという利点もあるのです。**

★人目を惹き、華やかになる書き方

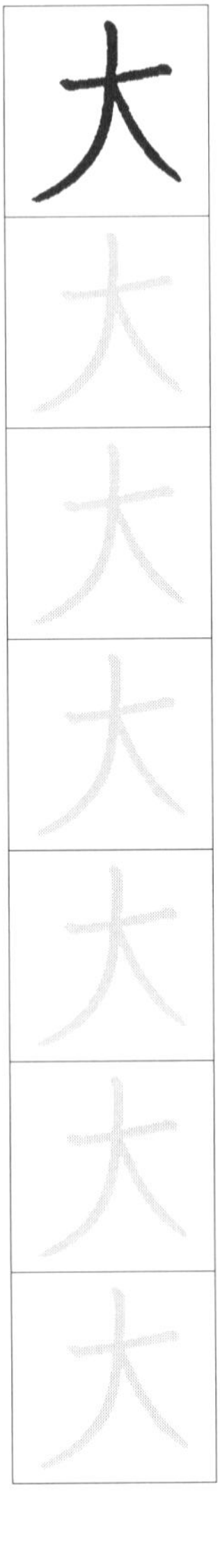

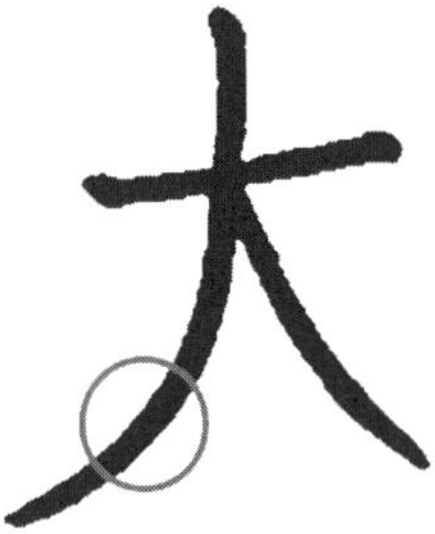

左のハライを長めに払う。

## ■左のハライは長めに払う

まわりにいるキラキラしている人を見て、「**あの人のように華やかになりたい**」と願っている人も多いはず。

そういう人は、同じく「大」や「木」や「天」のような字を書くとき、**左のハライを長めに払うようにしましょう。少し勢いをつけて、スーっとなめらかに書くことがポイントです。**

こうすると、「**人に埋もれたくない」という気持ちがだんだんと強くなり、「人目を惹き、目立つ存在になりたい」と思うようになります。そしてそれが行動にも現れるようになり、自己表現力も豊かになるのです。**

また、日常生活の中でも自然と華やかさが出てきます。華やかさが出てくれば、エレガントな雰囲気を漂わせるようになり、存在感も増します。

そうなれば、周囲の人たちから「あの人、いつもキラキラしている」と思われること間違いなしです。

## ★熱中、没頭できる書き方

右のハライを長めに払う。

## ■右のハライは長めに払う

今度は、「大」や「木」や「天」のような字の右ハライに注目してください。

この右ハライ、いずれも**文字の最終画**ですよね。つまり、**ここを長く伸ばして書く習慣をつけると、「物事をそこで終わりにしたくない」という気持ちが強くなるため、飽きっぽさがなくなり、物事に熱中する力が強まるという利点があるのです。**

左ハライと同じように、**少し勢いをつけて、スーっとなめらかに書くこと**がポイントになります。

また、物事に感動・感激しやすくなったり、入れ込む傾向が強くなるため、**仕事に熱中・没頭できるようになる**というメリットもあるので、そのぶん成果も出しやすくなります。

ただし、一定の仕事に熱中・没頭できる反面、思い切りや要領が悪く、切り替えがうまくいかなくなったりすることもあるので、そのへんは注意を払ったほうがいいでしょう。

## ★リーダーとして活躍し、上昇志向や行動力が強まる書き方

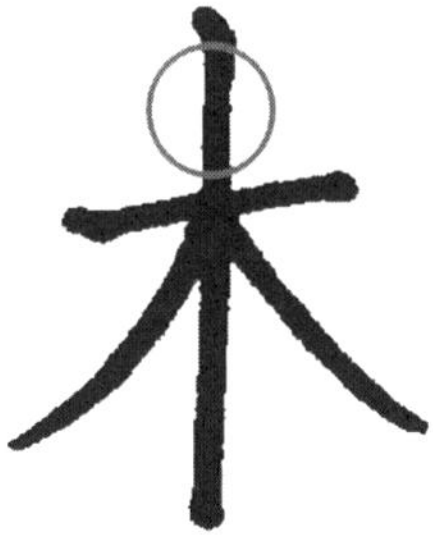

上への突き出しを
長めに書く。

## ■縦画の上への突き出しを長くする

第一章でもお伝えしたように、松下幸之助氏や本田宗一郎氏の筆跡には大きな共通点があります。

それは松下幸之助氏が「松」の字を書くとき、本田宗一郎氏が「本」の字を書くとき、**二画目の縦画が一画目の横画の上を大きく突き抜けていることです。**

創業者に多いこの書き方を専門用語で「**頭部長突出型**」といい、**先頭に立って上からグイグイと引っ張って組織をまとめあげ、人から慕われ信頼される効果が期待できます。**

リーダーとして活躍したい人はもちろんのこと、「**他人よりも抜きんでたい**」「**もっと上昇志向を強めたい**」「**もっとアクティブに行動したい**」と願う人も、是非、この書き方を心がけてみてはいかがでしょう。

ただし、ワンマンになったり、「裸の王様」にならないように注意してくださいね。

## ★穏やかな人間関係が築ける書き方

上への突き出しを
短めに書く。

## ■縦画の上への突き出しを短くする

「みんなとうまくやっていきたい」と願っている人は、前項で述べたこととは逆に、「木」の字をはじめ木偏の字を書くとき、二画目の縦画の上への突き出しを短くする書き方をおススメします。

このクセをつけておくと、周囲との和を重んじ、周囲との足並みをそろえることを大切にするようになります。謙虚な姿勢で、まわりの意見に耳を傾け、自己主張も控えめとなり、でしゃばらなくなります。人間関係の潤滑油役で協調性が高くなります。

要するに、人を引っ張るパワフルさはなくても、親しみやすさが倍増するため、穏やかな人間関係が築けるという利点があるのです。

「片腕として、陰でナンバーワンを支えたい」

「二代目の経営者として先代（創業者）が築いた人脈を大切にしていきたい」と願う人にとっても、最適の書き方といえるでしょう。

縦線を下方向に長めに書く。

## ■縦画を下に長めにしっかりと伸ばす

「市」をはじめ「中」「申」など、縦画のある字を書くときは縦画を下に長めにしっかりと伸ばすようにしましょう。

一見すると、少しバランスが悪いように思えますが、この書き方にも意味があります。

**縦画を長くすると、「平凡では満足できない」「何事もより良い結果を出そう」という気持ち、すなわち向上心が旺盛となり、人並み以上の努力を惜しまなくなります。**

他人が一〇の量・質の仕事をしていたら、自分は一二・一三の量・質の仕事をしようと考えるようになります。

**「難関の国家試験に合格したい」「是非ともプレゼンを通したい」「モチベーションを高めたい」**という人がこの書き方を習慣にすれば、望み通りの成果が出せる可能性が大です。

★頭の回転が速くなる書き方

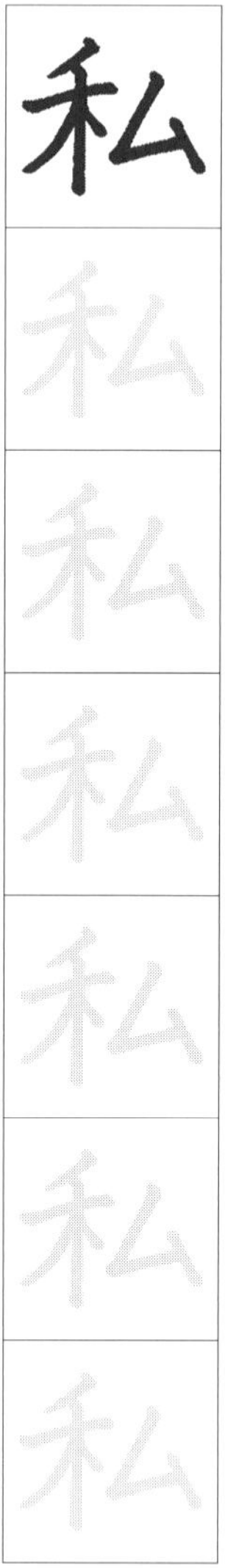

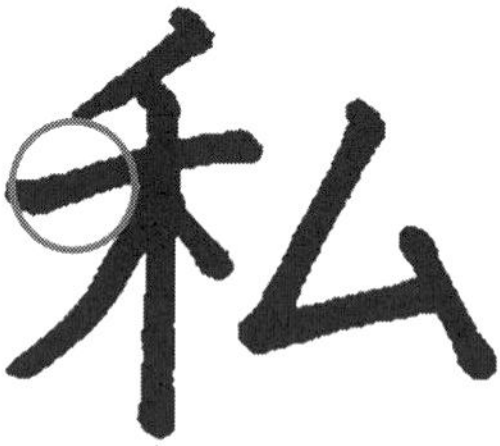

横線を左方向に長めに書く。

## ■横画を左に長く伸ばす

社会人なら頻繁に使う「私」という字。あるいは昭和・令和の「和」の字。これらの字を書くとき、**二画目の横画を左に長く伸ばすようにしましょう。**

これを筆跡の専門用語で「**横線左方長突出型**」といい、**左方向への横画の長さは「自分の心の中に湧き出る考えや意見やアイデアなどを、内に秘めることなく、外に出していきたい」という気持ちを表しています。**

「**会議で自分の意見を積極的に発言したい**」「**企画をどんどん立案していきたい**」と願う人にはおススメの書き方です。

また、この書き方を心がけていくと、**頭の回転も速くなり**、問題が起きたときでも、「こう対処しよう」と先を見越したイメージができるようになるため、トラブル解決能力も高まるようになります。

横画を左に長く伸ばす比率は、縦画の交差点から右側が一だとしたら、**左側は一・五～二くらいを目安**にするといいでしょう。

★包容力と視野が広まる書き方

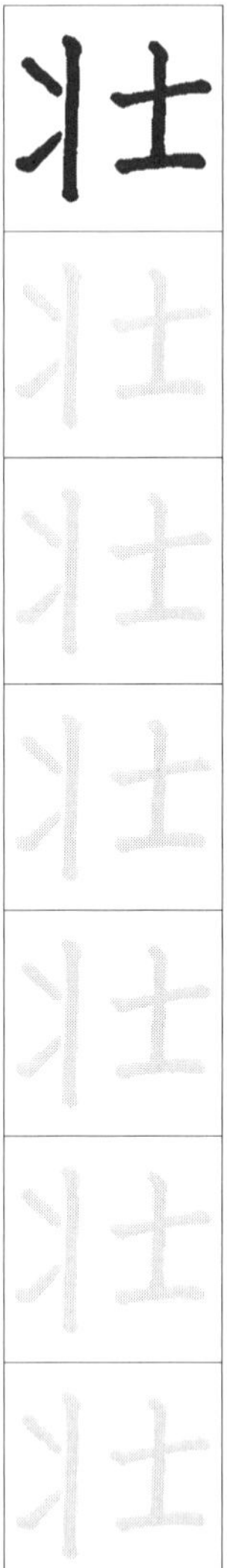

へんとつくりの間を開けて書く。

## ■偏と旁の間隔を開ける

偏と旁のある字を書くときは、少しくらいバランスが悪くなってもかまいませんので、その間隔を適度に開けることも大切です。

**これは自分の心を開いて、相手を受け入れることを意味します。つまり、この書き方を心がけていけば、人を包み込む心の広さが持てるようになり、包容力が育まれ、オープンで穏やかになるのです。**

また、視野も広くなり、外部のモノを取り入れようとする気持ちが強くなるため、いろいろな知識が吸収でき、知的好奇心旺盛になります。

さらに、**偏と旁の間は物事が流れる通り道を表すため、情報・お金・人の流通・循環が良くなります。**

**それによって、欲している情報、必要とするお金や人材を引き寄せやすくなるのです。**

しかし、間隔を開けすぎると、悪い意味の「何でも来い」＝「ゆるい」になってしまうので、そのへんは注意を払うようにしましょう。

## ★粘り強く、責任感が強くなる書き方

ハネを強くしっかりとはねる。

## ■ハネははっきりと力強く

たとえば「子」の字を書くとき、二画目の線を下ろしたとき、キチンとハネていますか？　ハネてあっても、弱くはありませんか？

**こういう字を書く人は、切り替えが早く、一つのことにいつまでもこだわらないという長所がある反面、飽きっぽかったり、最後までやり抜けないで途中で挫折してしまうなどの短所もあります。**

思い当たるようであれば、**これから「子」や「力」といったハネのある字を書くとき、意識的にはっきりと力強くハネるようにしましょう。**

**ただし、ハネは強ければいいというものではありません。最後まで力が入っているかどうかもポイントになります。**

これを習慣にすれば、粘り強く、根気強く最後まで手を抜かずにやり遂げる、責任感のある人になれること請け合いです。

## ★器が大きくなり、大物になれる書き方

ハネを大きな弧を描くように書く。

## ■ハネは大きな弧を描くようにする

松下幸之助氏と豊臣秀吉の筆跡の共通点が何であるか覚えていますか？

そう、二人とも、**ハネのある字を書くとき、弧を描くように大きく丸みを帯びた形になっていたこと。**

おさらいを兼ねてもう一度言うと、この書き方を専門用語で「**大弧型**」といいます。

**この書き方を習慣にすると、心が深く、寛大で、人間としてのスケールが大きくなります。存在感が増し、他人が成し遂げられないようなことも成し遂げられるようになります。秀吉のように、天下を取ることも夢ではなくなるのです。**

対象となるのは「**子**」をはじめ「**心**」「**光**」「**己**」といった**ハネのある字**。ポイントはハネたり形がイビツにならないよう、なめらかな線で大きく丸みを帯びたように弧を描くようにすること。

**たっぷりと水――エネルギーが貯まるイメージ**で書いてくださいね。

## ★誠実な人間になる書き方

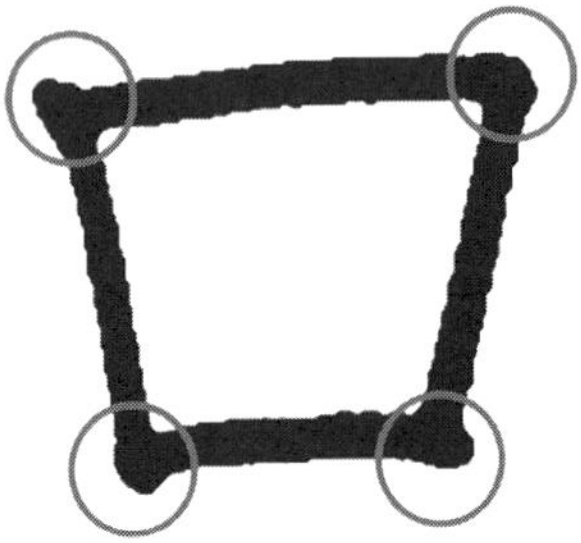

四隅をキチンと閉じる。

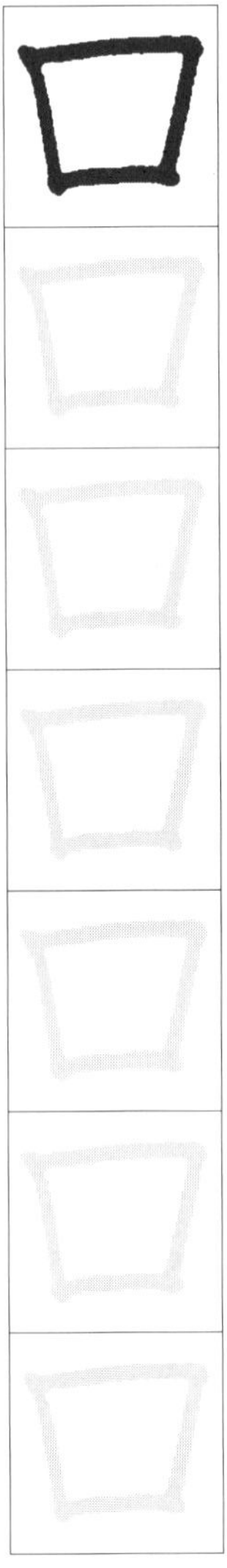

## 四隅をキチンと閉じる

誠実な人は誰に対しても安心感と信頼感を与えることができます。そうなるためには、「口」の字、もしくは「口」が含まれた字を書くとき、**横画と左右の縦画をキチンとくっつけ、四隅をキチンと閉じるようにしましょう。**

筆跡の専門用語で、縦画と横画が接する部分を接筆部といい、二画目の途中の折れ曲がる部分を転折部といいますが、この箇所を角ばるように書いてほしいのです。

**左上の角は他人に対する意識を表し、ここを閉じると律義さや正義感が強くなります。**

**右上の角はルールに対する意識を表し、ここを角ばらせると社会の規則や約束事がキチンと守れるようになります。**

**左下と右下の角は自分の行動管理に対する心理を表し、ここを閉じると自分を厳しく律するようになります。**

これらが三位一体となれば、相手に誠実な印象を与えること間違いなしです。

★良好な人間関係が築ける書き方

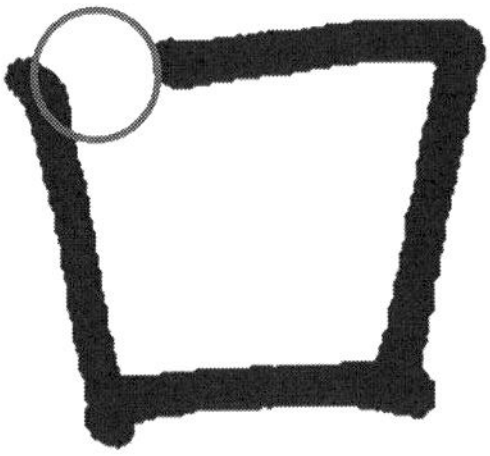

左上を開けて書く。

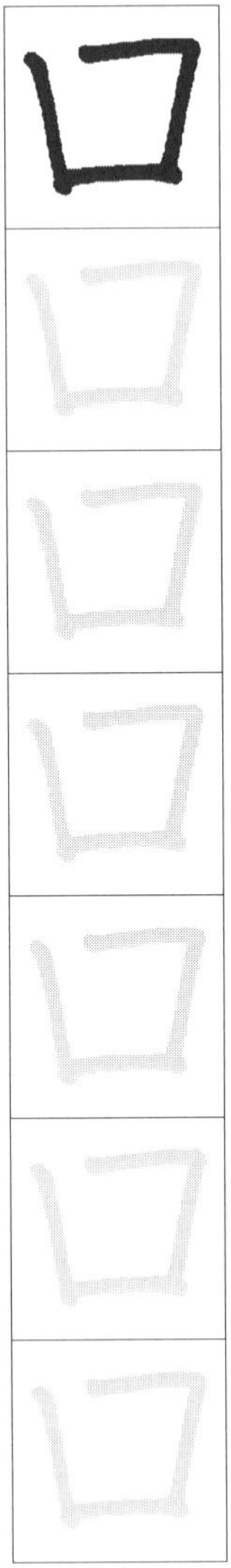

## ■「口」をはじめ四角形の字を書くとき、左上の角だけ開ける

筆跡の個別診断を行うようになって一〇年以上経ちますが、その中でも多いのが、人間関係に関すること。「**職場の人たちとうまくやっていくためにはどんな書き方を心がけるといいですか?**」「**他人から好かれるため**の筆跡改善法を教えてください」という相談が後を絶たないのです。

そのための方法はいたって簡単。

**「口」の字をはじめ、口偏やくにがまえなどの四角形の字を書くときは、左上の角を開ける以外、すべての角は閉じるようにするのです。**

こうすることで、

●人当たりがよくなる　●他人の行動に対して寛容になる　●思いやりがあり、相手の価値観を認めることができる　●柔軟性が高まり、幅広く受け入れられる　●人づきあいがよくなる　●気配りができるようになる　●社交的になる　●必要とする人、情報、お金がどんどん入ってくるようになる　●人に合わせられるようになる

といった効果が期待できます。

★優しさと温かみにあふれた人間になる書き方

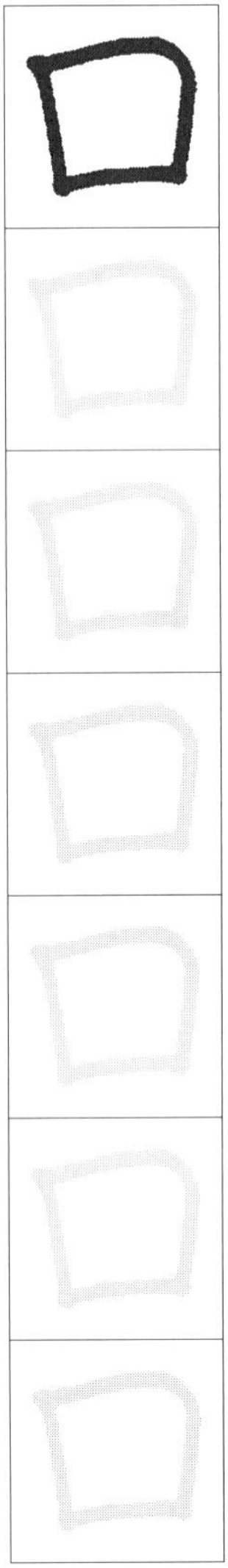

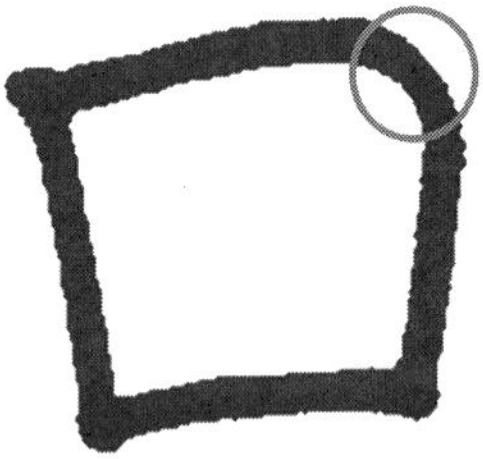

右上の角を丸めに書く。

## ■「口」をはじめ四角形の字を書くとき、二画目の折れ曲がる部分を少しだけ丸くする

前々項で、他人に誠実な印象を与えるためには、「口」が含まれた字を書くとき、四隅をキチンと閉じたほうがいいと述べました。

しかし、この書き方に固執すると、人によっては頑固で融通が利きにくくなってしまうこともあります。また、自分と考え方や価値観の合わない人に対して反発心を抱いたりするようにもなります。

そこで、思い当たる人は、**「口」や「くにがまえ」など四角形の字を書くとき、二画目の折れ曲がる部分を少しだけ丸くするようにしてください。**「少しだけ」といったのは、むやみに丸くするとルーズでいい加減になってしまう可能性があるからです。

ともかく、この書き方を心がけていけば、**人あたりのやわらかい温厚な性格となっていき、人間そのものが丸みを帯びてくるようになります。明るく、ユーモアにも富み、人なつっこくなります。**そうなれば、他人はそこに〝優しさ〟を感じ取るようになるでしょう。

★メンタルが強くなる書き方

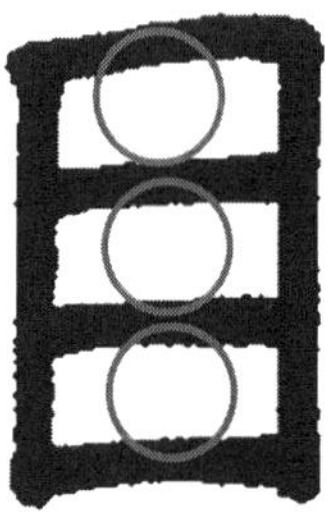

間隔を均等に書く。

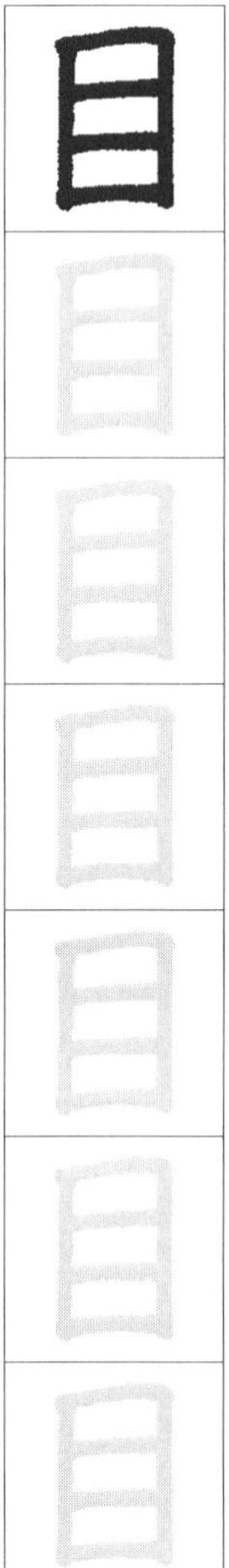

## ■横画の間隔をすべて均等に書く

職業訓練校の訓練生たちを見ていると、「プレッシャーがかかると実力が発揮できない」「ちょっとしたミスでも落ち込んでしまう」「不安や心配事があると押しつぶされそうになる」という人が少なくありません。

そういう人たちに「目」の字を書いてもらうと、全員が必ずといっていいほど、横画と横画の間隔がバラバラです。これはメンタルが弱い証拠です。

そこで思い当たる人は、**これから「目」をはじめ「見」「美」「田」など、縦画や横画が複数入っている字を書くときは、間隔をすべて均等に書くことをおススメします。この習慣をつけておけば、心が凹むようなことがあっても、早く回復できるようになります。**

**感情の起伏が少なくなり、冷静・安定した精神状態**が保てるようになります。

さらに、**論理的な思考**もできるため、計画的に行動するようになるなど、いいことずくめなのです。

## ★生活（人生）が安定する書き方

末広がりに書く。

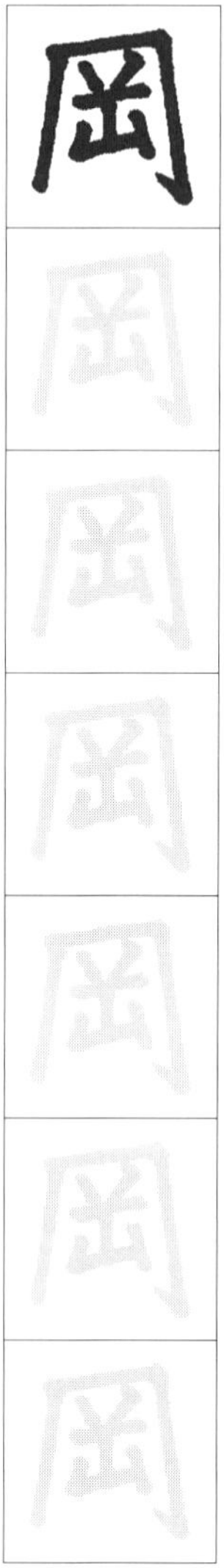

## ■左右に縦画のある字は末広がりに書く

「安定した生活（人生）を送りたい」「少しずつでもいいから、人生をより良い方向に切り開いていきたい」「動じない心でいたい」と願う人も多いはず。

それを可能にしてくれる字の書き方があるといったら、ちょっとビックリですよね。それがあるんです。

対象となるのは「岡」や「円」といった縦画が二つある字。

**これらの字を書くとき、一画目の縦画と二画目の縦画を末広がりに書いてほしいのです。両方の縦画とも、下に行くにしたがって外側に広がっていく「神社の鳥居」のようなイメージです。**これを専門用語で「弘法型」といいます。

この書き方を習慣にすると、しっかりと地に足がついた安定した生活（人生）が送れるようになります。**堂々とふるまえ、多少の困難に遭っても動じなくなります。**

おおらかで明るくなり、一緒にいる人は気持ちが安らぎ、信頼を寄せるようになります。そうなれば、周囲の人はあなたのことを放ってはおけなくなるでしょう。

この章を含めて、あとはトレーニングあるのみ。

売れる営業マン（稼ぐ人）になりたければ三章の中から。

リーダーシップを発揮したければ四章の中から。

コミュニケーション能力を高めたければ五章の中から。冴えた頭で実務をこなしたければ六章の中から。

それぞれ「今の自分に必要なのはこれだ！」というものを選んでトレーニングを始めてください。

たったこれだけのことでも、一週間、二週間、一カ月…と続けていけば、考え方（思考）が変わるようになり、気づいてみれば「よしやるぞ」「あきらめないぞ」といったように口にする言葉も変わるようになります。

そうなればしめたもの。仕事ぶりそのものがドラスティックに変わるのを実感するようになるでしょう。

# 第3章

## 字の書き方をこう変えると、売れる（稼げる）営業マンに変身できる

## ダメ営業マンの性格・気質、根っこから変えられます！

心理カウンセラーや経営コンサルタントの中には、性格や気質といったものは、訓練・努力しだいでいくらでも変えられると言う人たちがいます。でも、それはあくまで表面的なことであるというのが、私の持論です。

たとえば、人前に出ると緊張してしまい、うまくしゃべれなくなる営業マンが自己啓発セミナーなどでモチベーションを上げるための特訓をすれば、少しは変化が現れるかもしれません。それなりのセールストークもマスターできるでしょう。

それでも、やはり成果は限られてしまうと思うのです。なぜか？

「本当は人前に出るのが苦手だ」という意識が根底にあるからです。

言い換えると、「大丈夫。うまくしゃべれる」という思いが深層心理にまで浸透していってないのです。深層心理にまで浸透していないということは、性格や行動パターンも変わらない。だから、結局、成果が上がることもないのです。

しかし、**字の書き方を変えていけば（正確に言えば、字を書く過程において）、「自分はこうなりたい」という思いをイメージすることになるため、それが念となって深層心理にまで浸透していくようになります。**

すると、理性ではいちいち考えなくとも、**深層心理下の行動管理機能のほうが「これからはこうしなさい」と、脳に指示を下すようになり、それによって性格や行動パターンも変わるようになります。**これはプロローグや第一章でも述べたとおりです。

だとしたら、筆跡を改善することで、表面ではなく、根っこの部分から変えてしまいませんか。そうすることで、売れる営業マン・稼げる営業マンに変身を遂げませんか。

この章では、そのための筆跡改善ポイントをお伝えしていきましょう。

## ★字の書き方をこう変えると、人前に出ても緊張しなくなる

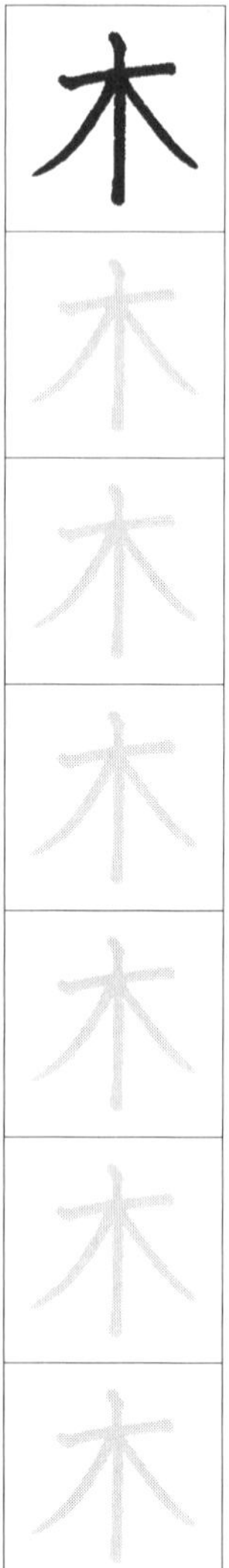

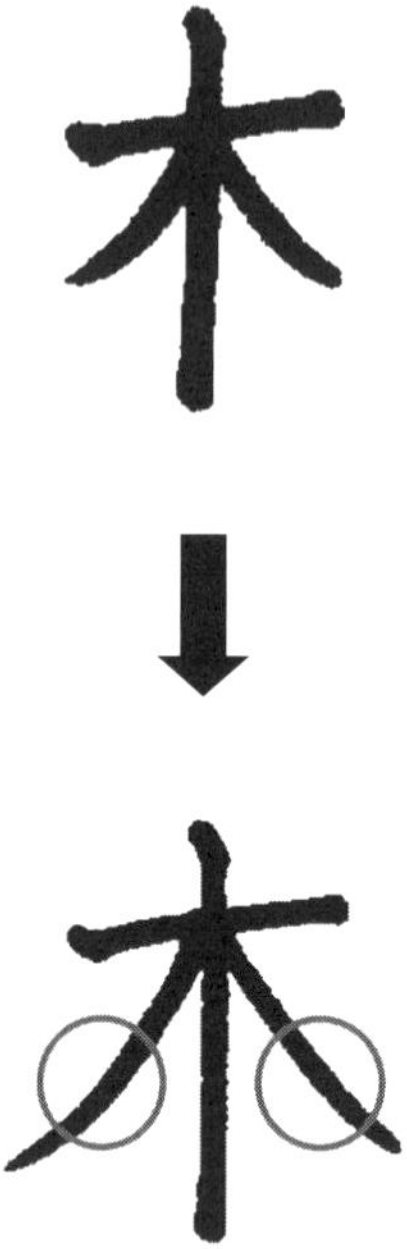

左右のハライをバランスよく、
長めに払う。

## ■ハライの字を書くときは、左右のハライを長めに伸ばす

「人前に出ると緊張してうまくしゃべれなくなる」という人は、これから「大」「木」「美」「夫」といったハライのある字を書くとき、**左右のハライを長めに伸ばすようにしましょう。**

左右のハライが短い人、あるいはハライが途中で止まってしまう人は「目立ちたくない」「人前に出たくない」という心理が心の奥底で働いています。

しかし、**左右のハライを長くすれば、「もっと自分をアピールしたい」という感情が芽生えてきて、必要以上に緊張することなく、それが表現しやすくなります。**

なかでも、**筆跡改善のトレーニングに超オススメなのが「大丈夫」の三文字。**すべての字に左右のハライがありますよね。これを一日数回書くようにしてください。大事な商談、セールス、プレゼンの直前には、十回ほど書いてみるのもいいでしょう。

最初のうちは緊張するかもしれませんが、いざ、しゃべりだしてしまえば、だんだんと気持ちが落ち着いてきて、緊張感が解けていくのが実感できるはずです。

## ★字の書き方をこう変えると、自己アピールがうまくなる

大

↓

大

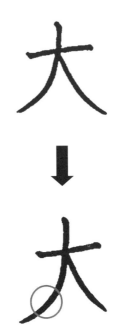

左のハライを長めに払う。

右原代

大

## ■左ハライのある字は、勢いをつけ、少し長くなめらかに書く

自己アピールの仕方が下手で、営業等で損をしている人ってけっこういるもの。しかし、この問題も筆跡を改善すれば短期間で解消することができます。

ポイントになるのは、「大」「美」「夫」、あるいは「右」「石」「都」「原」といった左ハライのある字を書くとき。勢いをつけ、少し長くなめらかに書くようにしましょう。

**左ハライというのは、基本的にひとつの字を書く途中の画。筆跡診断では、途中の画を長めにすることは、他人に埋もれたくないという気持ちの表れで、深層心理にそういう働きかけをしてくれる特徴があるのです。**

第一章で紹介した本田宗一郎氏がまさにそう（47頁の図参照）。「省」と「力」の左ハライが異様に長いですよね。これは存在感がある証拠、自己表現力が豊かな証拠、華がある証拠です。

**ただし、この書き方は自己アピールがうまくなる半面、一歩間違えると、出しゃばりで目立ちたがり屋になり、他人から煙たがられてしまう可能性もあるので、その点は注意して下さい。**

## ★字の書き方をこう変えると、セコセコしなくなる

ハネを大きな弧を描くように書く。

## ■ハネは大きく丸みを帯びたように、弧を描く感じで書く

営業という仕事、お客様に商品（サービス）の売り込みを図っても、すぐに相手がクビを縦に振ってくれるとは限りません。何度も何度も足を運び、手間暇かけて「ようやく……」というパターンが圧倒的です。

できる営業マンになるためには、そんなときでもセコセコすることなく、自分の器を大きくすることではないでしょうか。それを可能にしてくれるのが、筆跡の専門用語で「大弧型」と呼ばれる字の書き方です。

**「子」「心」「光」「己」といった字を書くとき、下側のハネの部分を、ハネるのではなく、大きく丸みを帯びたように、弧を描くようにするのです。たっぷりとエネルギーが貯まるようなイメージで書くようにしてくださいね。**

この書き方を習慣にすれば、**スケールが大きく寛大、ささいなことにこだわらず、地道な努力もいとわなくなります。それによって、大口の契約をまとめることに成功するなど、誰もなしえないような大きな成果を出すことができるようになるのです。**

★字の書き方をこう変えると、ツメの甘さがなくなる

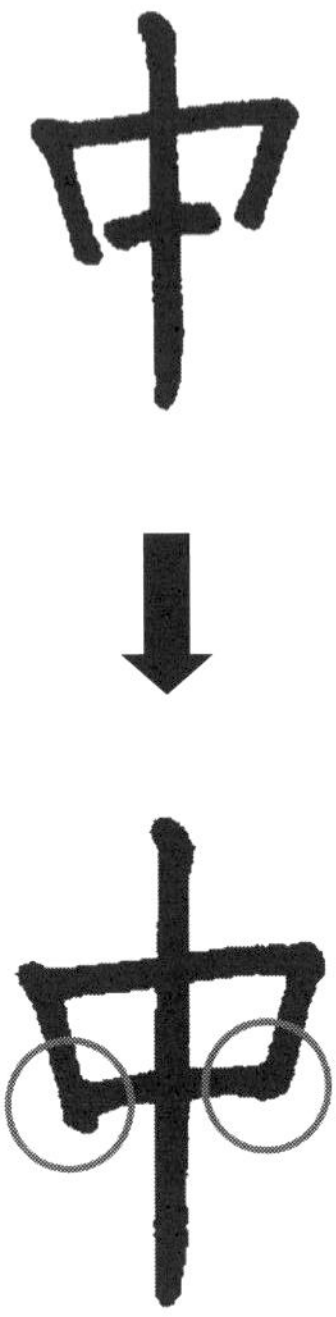

左下と右下はしっかりと閉じる。

東直音

## ■「口」の字を書くときは、左下と右下の角を必ず閉じる

途中までは完璧に仕事をこなしたつもりだったのに、最後の最後でミスをしたため、商談がまとまらなかった……。こうしたツメの甘さで苦い思いをした人も少なくないと思います。

「集中力に欠けていた」「ついつい気が緩んだ」「注意力が足りなかった」といった要因がそうさせたのかもしれませんが、確実にそれらをなくすためには、**「口」の字、もしくは「口」が含まれた字を書くときは、左下と右下の角を必ず閉じるようにしましょう。**

左下の角は営業の仕事で例えるならば、契約（取引）直前を表し、右下の角は「クロージング」「シメ」、すなわち契約（取引）成立を表します。

**つまり、この二つの角が閉じていない書き方をすると、土壇場でポカをやらかしてしまい、ツメが甘くなる可能性があるのです。逆に、しっかり閉じた書き方をすれば、気が緩むこともなく、最後まで慎重にきっちりと仕事がこなせるようになります。**

★字の書き方をこう変えると、キチンと約束が守れるようになる

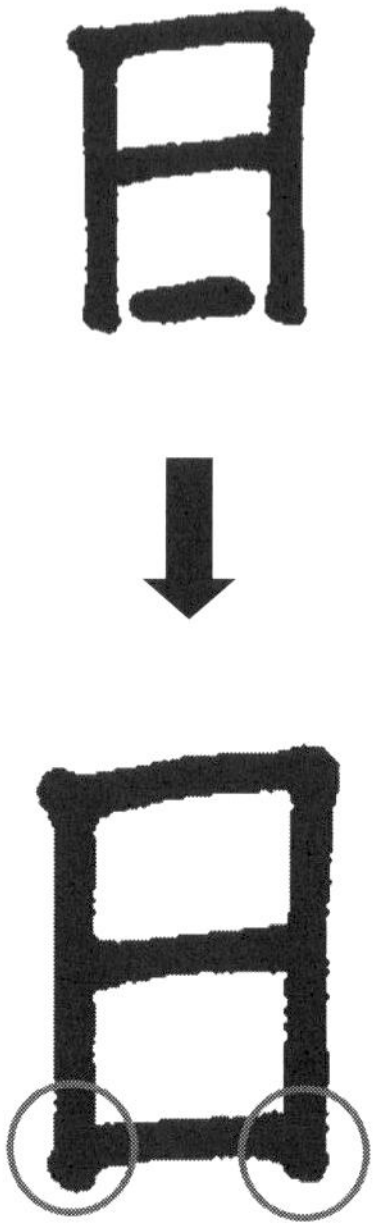

左下と右下はしっかりと閉じる。

名早県

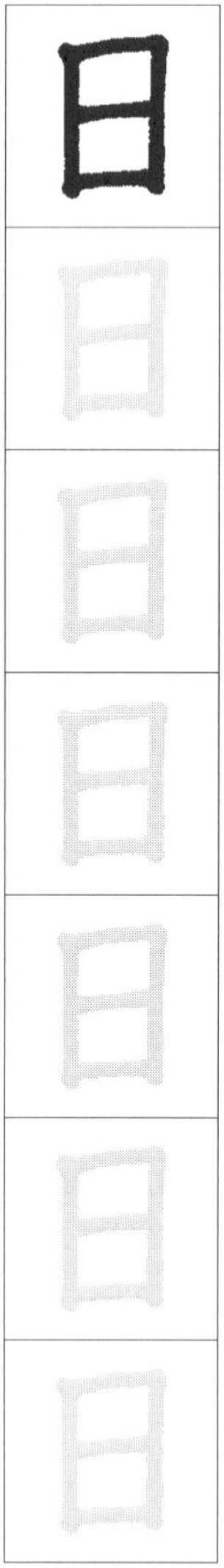

## ■「くちへん」「くにがまえ」「にちへん」「めへん」の字は両サイドの角を閉じる

「この次、おうかがいしたとき、商品のサンプルをお持ちします」

「今日は仮領収証をお渡しし、後日、本領収証をお送りします」

こう言っておきながら、すっかり忘れてしまう……なんていうことは誰にでもありますが、あまりに多いとお客様からの信用をなくしてしまうことになります。これもある意味、**どこかで気が緩んでいたり、注意力が散漫な証拠**。

思い当たる人は前項同様、「口」の字、もしくは「口」**が含まれた字を書くときは、左下と右下の角を必ず閉じるようにしましょう。**

また、それ以外にも「くちへん」「くにがまえ」「にちへん」「めへん」の字、たとえば「**叶**」「**名**」「**同**」「**国**」「**日**」「**早**」「**目**」「**県**」といった囲み系の字を書くときも、下の両サイドの角をキチンとくっつけるようにしてください。

**この習慣をつければ、「忘れないうちにメモをとっておこう」といったように、考え方や行動パターンにも変化が起こるようになります。**

## ★字の書き方をこう変えると、粘り強くなる

カ

↓

カ

ハネを強くしっかりとはねる。

小気成

## ■ハネのある字は、ハネをはっきり力強くする

営業活動をつづけていると、どこに行っても断られてばかり……ということはつきものです。でも、そこですぐにあきらめてしまっては、いつまで経っても仕事ができない人の域から抜け出すことはできません。そういう人が書いた「力」や「子」などの字を診ると、一画目や二画目のハネのところが、ハネがなかったり弱かったり……という共通点があります。これは粘り強さがない証拠です。

**この粘り強さを養うためには、ハネのある字を書くとき、ハネをはっきり力強くすることをオススメします。**「子」や「力」以外にも「成」「小」「永」「気」「代」「光」など、ハネのある字はけっこう多いので、トレーニングもなにかと行いやすいはずです。

**ハネは粘り強さの象徴。**したがって、ハネのある字を書く習慣をつければ、一度や二度、お客さんに断られても「なんのこれしき」という気持ちが芽生えてきて、それが行動傾向（パターン）にも好影響を及ぼし、頑張りがきくようになるに違いありません。

★字の書き方をこう変えると、仕事に思い入れが持てるようになる

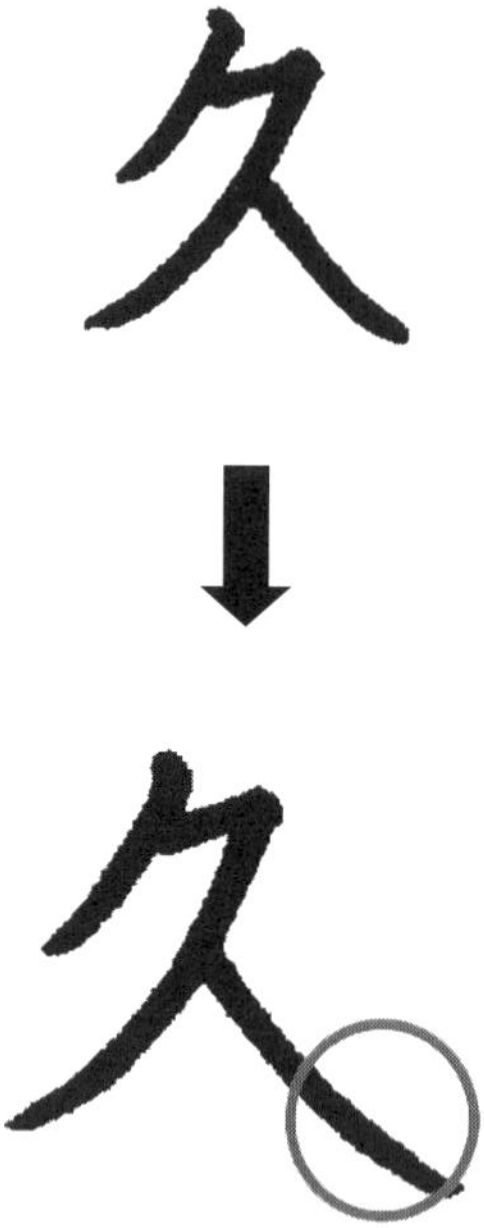

右のハライを長めに払う。

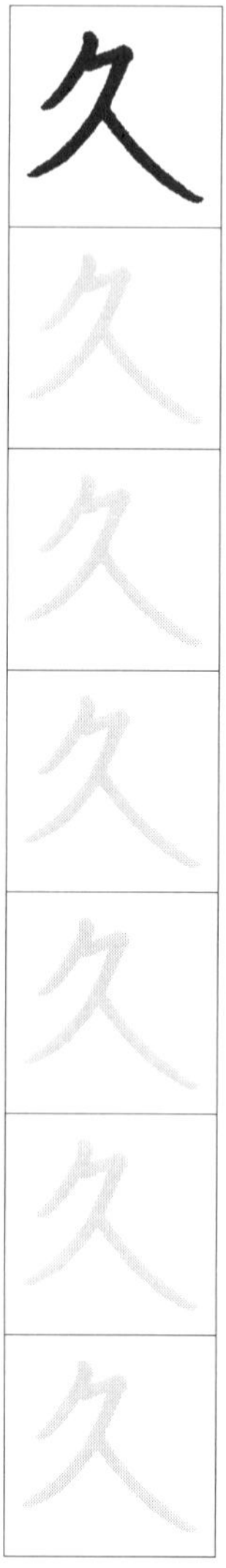

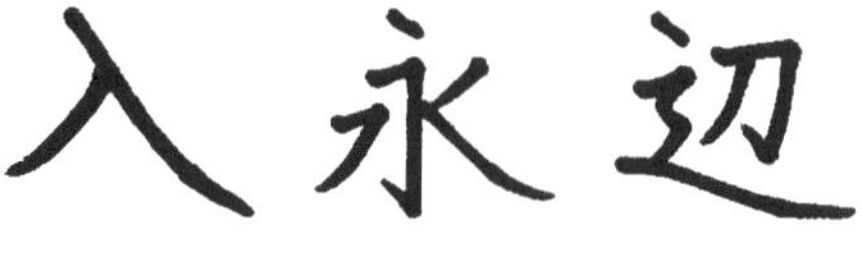

## ■右ハライやシンニョウのある字は最後のハライを長くする

思い入れが浅くあっさりさっぱりしていてクールな人がいます。よく言えば割り切りがいいのですが、悪くいえば冷めやすく熱意がないようにも思えます。しかし、**「ここぞ」というときは、思い入れを持って仕事に取り組まなくてはなりません。**営業マンであれば、自分が売ろうとしている商品（サービス）に思い入れが持てるからこそ、セールストークにも説得力が生まれるようになるからです。

そうなるためには、二つの改善ポイントをおさえる必要があります。ひとつは、**「大」の字をはじめ「今」「会」「家」「旅」といった右ハライのある字を書くとき、右のハライを長くすること。「永久」の二文字などはトレーニングするのにぴったりですよね。**

もうひとつは、**「道」「進」「返」**といったシンニョウのある字を書くときも、**最後のハライを長くすること。**

右ハライにしても、シンニョウにしても、**最終画になる字が多く、ここを長く伸ばして書くようにすると、「終わりにしたくない＝冷めたくない」という心理が働きはじめ、仕事に対する熱意も強まること請け合いです。**

★字の書き方をこう変えると、傾聴スキルが高まり、顧客ニーズを掴みやすくなる

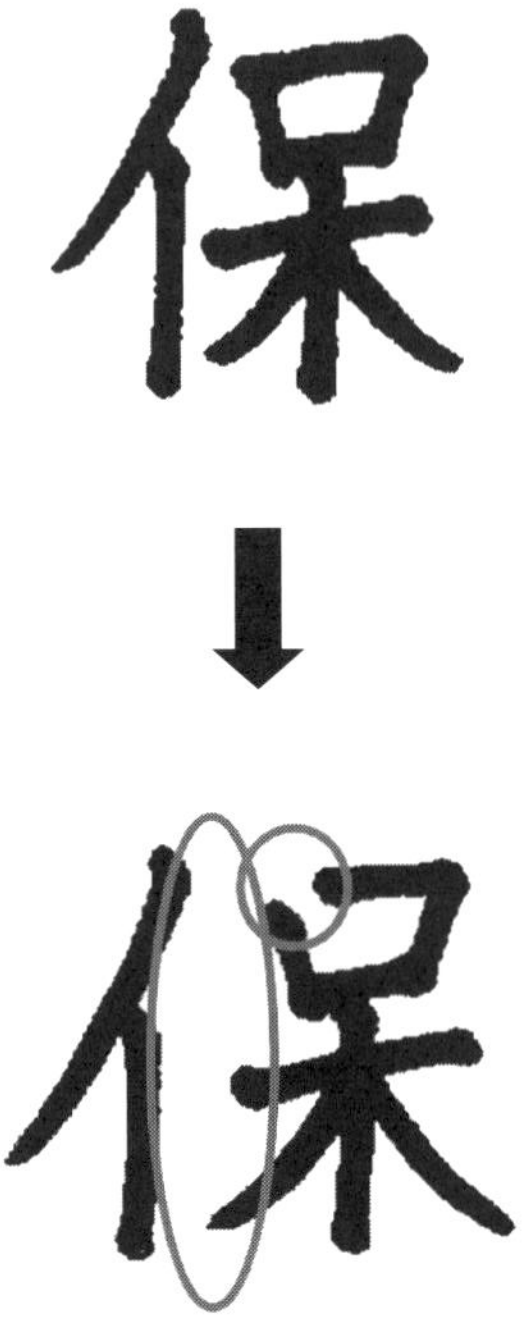

へんとつくりの間を開けて書く。
左上を開けて書く。

訪倍カロ

## ■偏と旁のある字はその間を開け、口の字は左上の角を開ける

営業職向けに行った「営業に必要なスキル」のアンケート調査で、上位にあげられたのが、**課題発見力、ヒアリング力、コミュニケーション力**でした。「お客様は何を望んでいるのか？　心配なことは何か？」という点に着目し、それぞれのニーズに合わせて対応しなくてはなりません。

それらのスキルを高めるために行ってほしいことは二つあります。

**ひとつは、偏と旁のある字を書くとき、その間隔を開けること。**こうすることで、**視野が広くなり、知的好奇心旺盛、人間関係も良好になります。お客様のニーズや課題をどんどんキャッチできるようになるのです。**

もうひとつは、**「口」の字を書くとき、左上の角を開けること。これはキャッチしたものを受け入れ、取り込むこと**を意味します。

**偏と旁の間を開けるのは「循環」、口の左上を開けるのは「蓄積」**（左下と右下も閉じる）を意味します。循環で**新規顧客を確保し、蓄積で固定顧客を確保**できるわけです。

★字の書き方をこう変えると、モテモテの営業マンになる

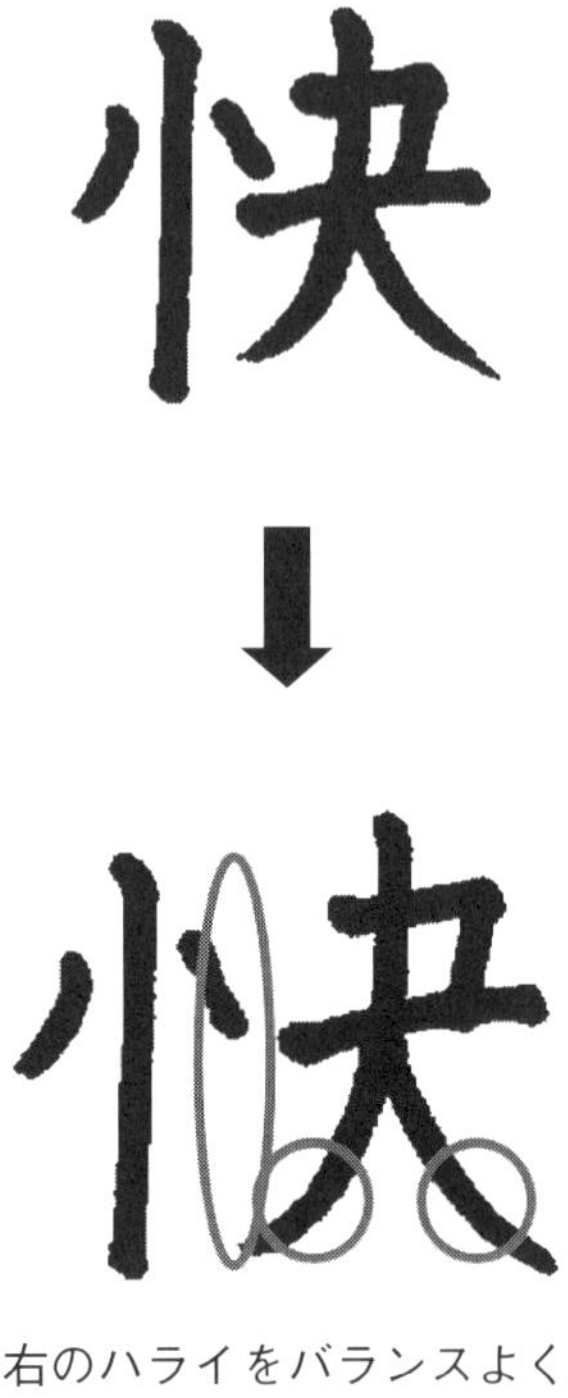

左右のハライをバランスよく、
長めに払う。
へんとつくりの間を開けて書く。

練状径

## ■左右にハライのある字はバランスよく払い、偏と旁のある字の間も開ける

いつも引っ張りだこ。人気のあるモテモテの営業マンはどこの会社にもたいてい一人くらいはいるものです。「あの人みたいになりたい……」とお考えのあなた、はい、筆跡を改善すればなれます。

その場合の改善ポイントも二つ。

ひとつは、**左右にハライのある文字を書くときは、両方、バランスよくキレイに払うこと。**前述したように「大」「木」「美」などの字がそうで、「大丈夫」の三文字は格好の練習文字になると思います。

**左のハライは自己表現（アピール）の向上、右のハライは感動・感激しやすさ**を表し、相乗効果によってあなたの人間的魅力度が増していくようになります。

もうひとつは、**偏と旁の間隔をほどよく開けること。**これは人間的魅力度が増して、他人（営業の仕事でいえばお客様）が寄ってきたとき、相手を受け入れることを意味します。

ちなみに、この字の書き方を心がけると異性からもモテるようになるため、**男女を問わず、恋人が欲しい人、結婚を望む人にもオススメの筆跡改善法です。**

## ★字の書き方をこう変えると、クレーム処理に迅速に対応できる

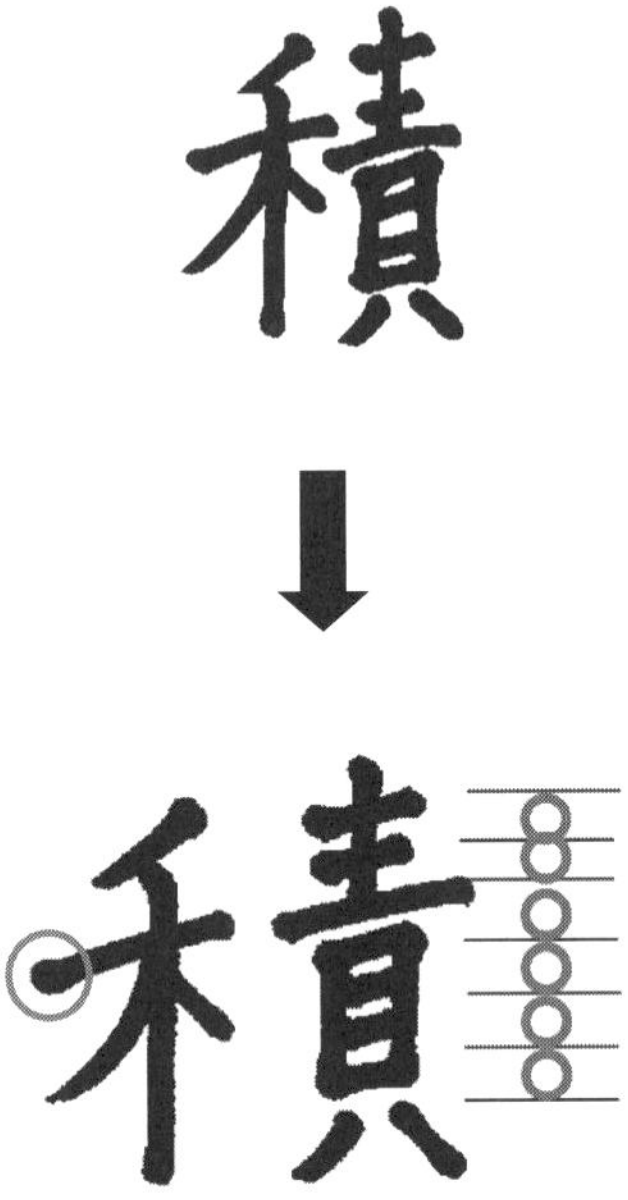

間隔を均等に書く。
横線を左方向に長めに書く。

婚　親　稼

## ■横画のある字は左側を長めにし、縦画や横画がある字は間隔を均等にする

営業活動をしていると、お客様からのクレームはつきものです。そんなとき、営業マンに求められるのは、とにもかくにも**迅速な対応**でしょう。

それがままならない人は、まず「木」「様」「和」「私」「平」などの字を書くとき、**横画の左側を長めに書きましょう**。これを筆跡の専門用語で「**横線左方長突出型**」といい、**問題が生じたとき、頭をすばやく回転させて解決を図ろうとする行動傾向**（パターン）を促進させてくれる効果があります。

次に、「**目**」「**見**」「**美**」「**春**」「**量**」「**書**」など縦画や横画がある字を書くときは、**各々の間隔がすべて均等になるようにしてください**。この書き方は慣れるまでにちょっと時間がかかるかもしれませんが、いったんマスターしてしまえば、いつも**冷静沈着。問題が生じてもうろたえることなく、論理的に物事が考えられる**ようになります。

つまり、この二つの書き方を肝に銘じれば、あらゆるクレームに対してベストな対処法が講じられるようになるのです。

## 筆跡を変えれば、仕事ぶりはここまで変わる　その1

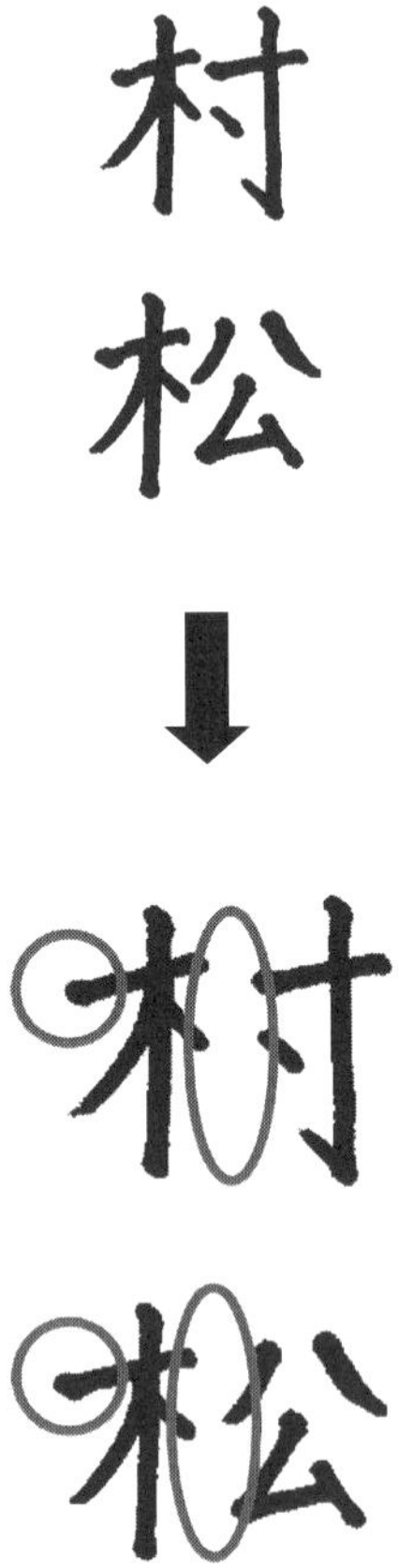

へんとつくりの間を開けて書く。
横線を左方向に長めに書く。

## 営業ノルマも満足に達成できなかったのが、契約件数が今までの3倍に

まずは、私の個別診断に来られた三四歳の男性のケースです。

外資系の保険会社で営業の仕事をしている男性は、毎月のノルマを達成するのに一苦労。それができたり、できなかったり……という状態がずっと続いていました。

ひとくちに生命保険といっても、いろいろな種類のものがあり、お客様の年齢や収入等に合わせて、最適なモノを瞬時に把握。相手が納得するように提案しなくてはなりません。それがうまくいかないらしいのです。

そこで私は早速、次のようにアドバイスしました。

「村松さん（男性の苗字）は筆跡を改善するのにピッタリの苗字ですね。今日から是非その苗字を使って筆跡改善のトレーニングを行うといいですよ」

「ポイントは二つあります。ひとつは、村松さんの**村の字と松の字の木偏を書く**

とき、**一画目を左に長く書くようにしてください。**もう一つは、やはり村松さんの字で、**各々の文字の偏と旁を開けるようにしてください**」

こうアドバイスしたのには、それなりの理由がありました。**線がクロスする場合、横画を左に長く引いて書くようにすると、頭の回転が良くなり、臨機応変・フレキシブルにお客様に対応できるようになるからです。**また、頭の回転が良くなれば、いろいろなアイディアが湧いてくるようになるし、問題が生じても迅速に解決できるようになります。

**偏と旁を開けるようにアドバイスしたのは、仕事の循環を良くするためです。**窓を閉め切っていると、部屋の空気はよどみ、息苦しくなります。でも、いつも窓が開いている状態にしておけば、風通しが良くなり、気分も快適になります。

それと同じで、**偏と旁を開けるようにすれば、人間関係、とくにお客様の循環が良くなり、契約件数も増える可能性があることを視野に入れたのです。**

その結果、どうなったと思います？　たったの一カ月の間で今までの三倍のペ

**ースで契約が取れるようになった**といいます。もう一度言います。たったの一カ月の間で今までの三倍です。

もちろん、これにはキチンとした理由もありました。**筆跡の改善が功を奏したのでしょう。お客様一人ひとりの立場でモノが考えられるようになり、「このお客様には掛け捨ての保険ではなく、終身の保険を提案したほうがいいかもしれない」といったようなヒラメキがどんどん湧いてきて、的確なアドバイスができるようになったからです。**

村松さんはその後も好調な営業成績をキープし、数年後には課長に昇格。今なお出世街道を突き進んでいるとのこと。この先が楽しみです。

★字の書き方をこう変えると、めげなくなる

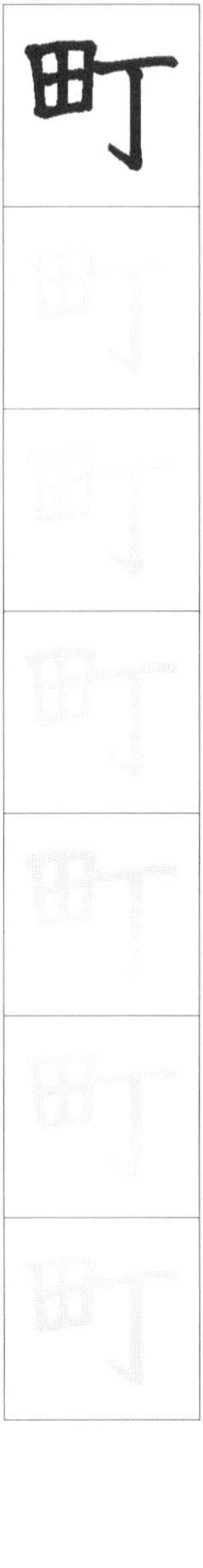

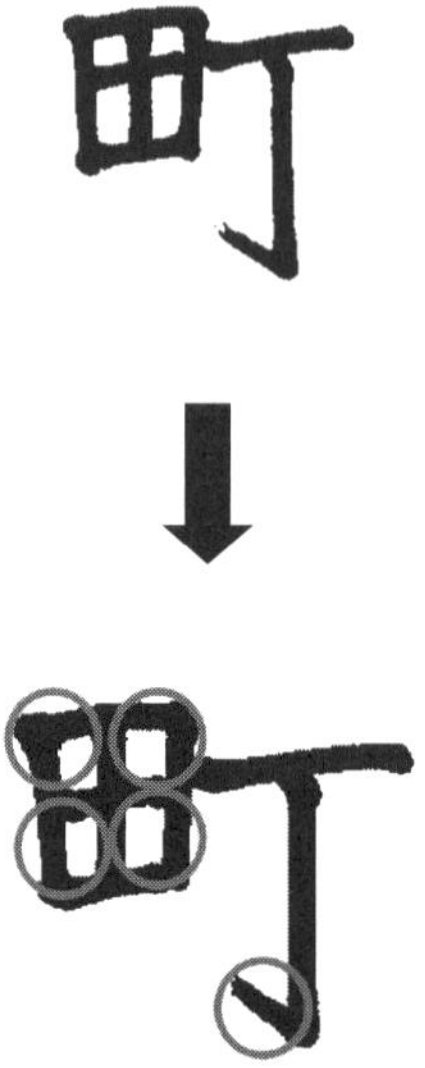

間隔を均等に書く。
ハネを強くしっかりとはねる。

見時貯

## ■ハネのある字ははっきりと力強くし、縦画や横画が入る字は間隔を均等にする

「今月もノルマが達成できなかった」「自信のあったプレゼンが通らなかった」というとき、たいていの人はめげますよね。でも、いつまでもそんな気持ちを引きずっていたら、心はますます凹むだけ。明日の仕事にも悪影響をきたすというもの。

しかし、仕事ができる人は違います。「まあ、こういうときもあるよ」と考え、次の一手に向かって踏み出します。

そういう人たちの筆跡には二つの共通点があります。

ひとつは、「力」や「子」などのハネのある字をはっきりと力強く書いていること。**これは粘り強さ、やる気、努力家、負けず嫌いを表します。**

もうひとつは、「田」や「見」などの縦画や横画が入った字の線と線の間隔がすべて均等になっていること。**これは冷静で、安定した姿勢を表し、**この書き方をする人は論理的に考え、計画にそって行動しようとします。トラブルに遭っても、とっさに機転をきかすことができます。

**安定した精神状態が保てるという点で、是非、オススメしたい書き方です。**

## ★字の書き方をこう変えると、営業成績がどんどん上がり、顧客も増える

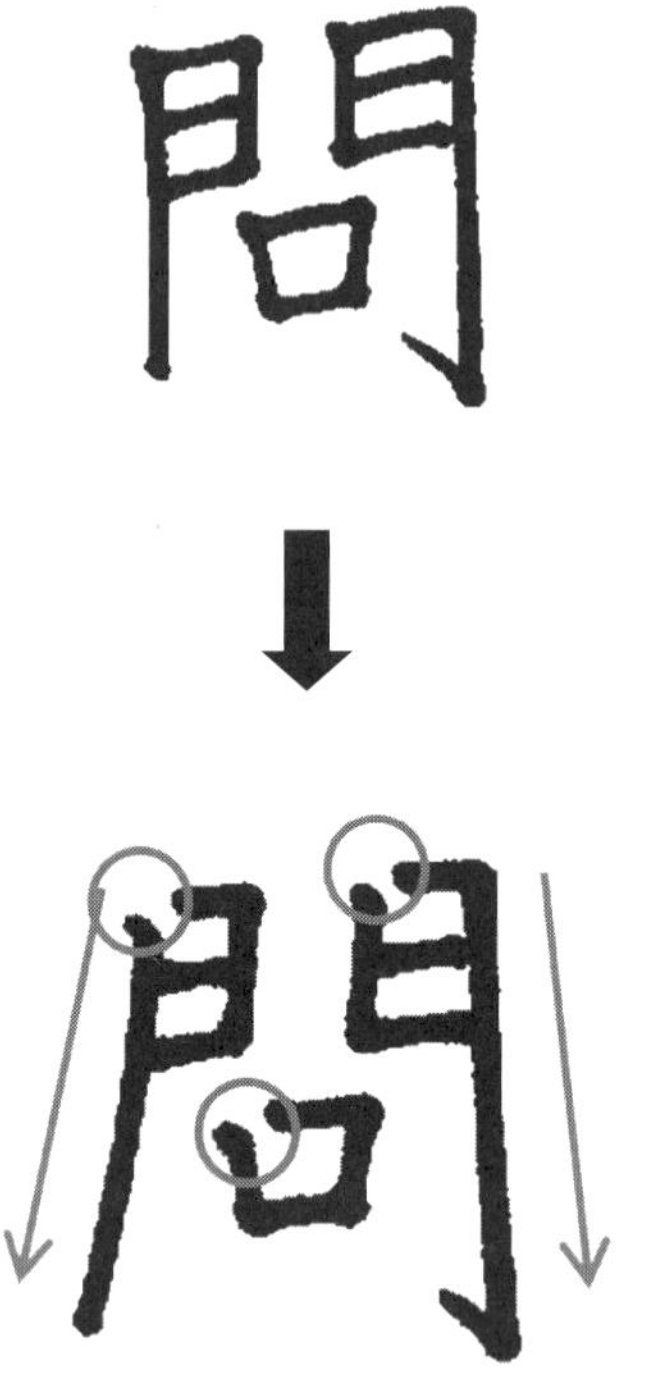

左上を開けて書く。
末広がりに書く。

## ■左右に縦画のある字は末広がりに書き、「口」の字は左上だけ開けて書く

「営業成績をどんどん上げ、顧客を増やしたい」という思いは、営業マンにとって共通する願いです。

そうなるためには、まず、**左右に縦画のある字は末広がりに書くことをオススメします。「円」「岡」「因」「国」「間」「関」**など「**けいがまえ**」「**くにがまえ**」「**もんがまえ」の字を書くとき、両方の縦画とも下に行くにしたがって外側に広げるようにするのです。**神社の鳥居というのは、少し外側に広がっていますが、ああいう大地に根をおろしたようなイメージです。これを筆跡の専門用語で「**弘法型**」といいますが、**弘法型の字は安定・繁栄を意味するため、この書き方が習慣になればドラスティックな変化が期待できます。**

次に、「**口」の字を書くときは、左上の角を開ける以外、すべての角は閉じるようにしましょう。**こうすることで、**自分が必要とする人、情報、お金がどんどん入ってくるようになり、ミスも防げるようになります。**

この二つの書き方を習慣にすれば、トップセールスマンも夢ではありません。

## こんな字を書く人はこんな人

あなたの身近に右側に倒れそうな字の書き方をする人はいませんか。今にも転んでしまいそうな書き方。これを筆跡の専門用語で「右傾型」といい、こういう書き方をする人は、**転倒したり、倒産や挫折、失恋などあまり好ましくない事態に陥りやすい人です。**

人とは変わった仕事、不安定なところに身をおくことに喜びを感じるタイプの人です。いっぽうで、普通の人ができないようなことをできる大胆さもあり、危険なところに身をおくと活躍する面もあります。ただ、おススメできる字の書き方ではないことだけは確かです。

# 第4章

## 字の書き方をこう変えると、リーダーシップが発揮できる

## 自信がなくても、字の書き方を変えるだけでリーダーになれます

数年前、『WEB歴史街道』というサイトで、「今の日本のリーダーになってほしい歴史上の人物ランキング」という投票調査を不特定多数の人を対象に行ったことがありました。

すると、一位が坂本龍馬（二四・九パーセント）、二位が織田信長（一四・五パーセント）という結果が出ました。坂本龍馬に投票した人は、「情熱」「行動力」などを、織田信長に投票した人は「大胆な発想力」「決断力」などをその理由として挙げたというのです。

ひるがえって、現代のビジネスシーンにおいて、リーダーに求められる条件とは何でしょう。坂本龍馬のような情熱？　行動力？　織田信長のような大胆な発想力？　決断力？　このほかにも管理能力、包容力、思いやり、懐の深さ、責任感、何事にも動じない心、信念など、いろいろ挙げられると思います。そして、これらを兼ね備え

ることができれば、リーダーになれるのは間違いありません。

しかし、「言うは易く行うは難し」。理屈ではわかっても、一朝一夕にそうした能力が養えるわけではありません。「何事にも動じない心を養おう」と思っても、物事が暗礁に乗り上げた途端、オロオロしてしまう……というのが実状ではないでしょうか。

でも、だから「自分はリーダーとしての器がない」と決めつけることなんかありません。これらの能力を、誰もが簡単に、確実に、育んでいく方法があります。それが字の書き方を変えること、すなわち筆跡トレーニングなのです。

字の書き方をリーダーシップが発揮できる方向に意識的に変えていけば、脳がその方向へ向かうように動き出し、性格や行動パターンも変わるようになり、いつしか本当にリーダーのように振る舞えるようになるからです。

この章では、そのための筆跡改善ポイントをお伝えしていきましょう。

## ★字の書き方をこう変えると、人をグイグイ引っ張っていける

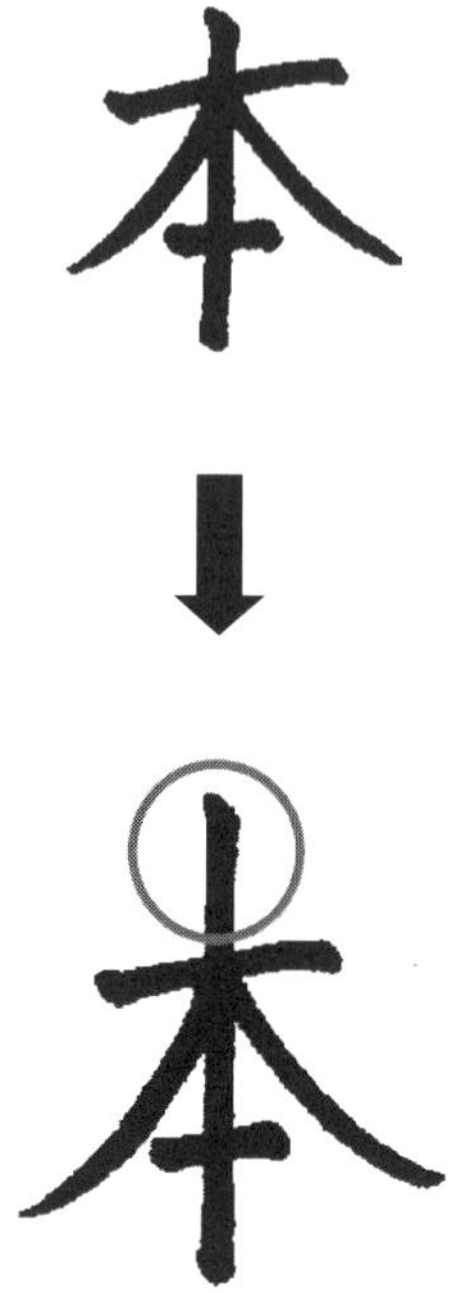

上への突き出しを長めに書く。

未　功　来

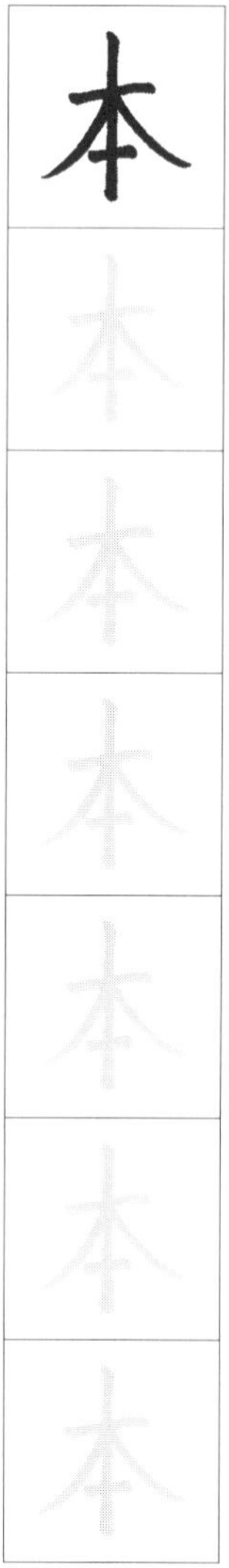

## ■二画目の縦画が一画目の横画を大きく突き抜けるようにする

前項でもお伝えしたように、リーダーに求められる条件はさまざまです。「課長に昇進したので、部下たちを束ねて、グイグイ引っ張っていきたい」というときなどは、筆跡の専門用語でいうところの**「頭部長突出型」**の字を書くことをオススメします。

「頭部長突出型」の字とは、「木」の字を例に出すと、**二画目の縦画が一画目の横画を大きく突き抜けた書き方**をいいます。**縦画が横画を大きく突き抜けるというのは、他人よりも抜きんでることで、上からグイグイ引っ張っていくことを表します。**

松下幸之助氏が「松」の字を書くときも、本田宗一郎氏が「本」の字を書くときも、この書き方をしていたのは一章で述べたとおりです。

しかし、この書き方には一長一短があり、**人によっては独断専行に走り、「裸の王様」のような存在になりかねません。これではかえって逆効果というもの。**

したがって、この字を書く場合は一時的にするか、もしくは次項以降から述べる他の筆跡改善法と組み合わせるようにしてください。

## 筆跡を変えれば、仕事ぶりはここまで変わる　その2

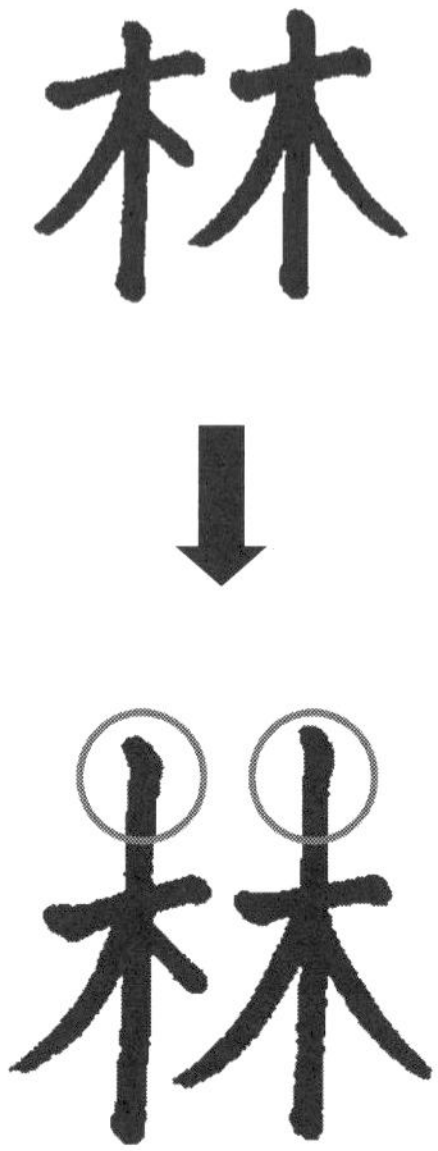

上への突き出しを長めに書く。

## ファミレスの店長が、エリア・マネージャーに昇格

次に紹介するのは、神奈川県にあるファミレスで店長をしていた三七歳の男性のケースです。

男性とは都内の筆跡セミナーで知り合いましたが、セミナー終了後、私にこんな相談を持ちかけてきました。

「自分は店長のまま終わりたくありません。もっと上のポストを目指したいのです。できればエリア・マネージャーになって、各店舗を引っ張っていくようなリーダーになりたいと考えています。そのための筆跡改善方法を教えていただけますか」

聞けば、苗字は林さん。これまた筆跡改善のトレーニングを行うにあたってもってこいの苗字です。そこで、次のようにアドバイスしたのです。

「林さん、これから自分の苗字を書くときは、**二つの木の縦画が横画を長く突き**

**出るように書いてくださいね」**

松下幸之助氏や本田宗一郎氏の筆跡診断の項目でも述べましたが、この書き方は上から人をグイグイ引っ張っていくことを象徴しています。リーダーシップを発揮するには最適です。

ただし、人によっては、この字を書くとワンマンで独断専行的になる可能性もあります。今の時代、それだと人がついてこなくなり、うまく組織を回していけなくなることもあるので、その点にはくれぐれも注意を払うようにもアドバイスしました。

すると、二カ月ほど経ったある日、本部から呼び出され、「神奈川のエリア・マネージャーになるように」という辞令を受けたらしいのです。

そう、まさしく林さんが望んだとおりの展開です。字の書き方を変えただけで、希望どおりの変化を起こすことができたのです。

**字には、思考を現実化させるパワーがある。望むものを引き寄せるパワーがある。林さんのケースはその好例といってもいいでしょう。**

## ★字の書き方をこう変えると、管理能力が高まる

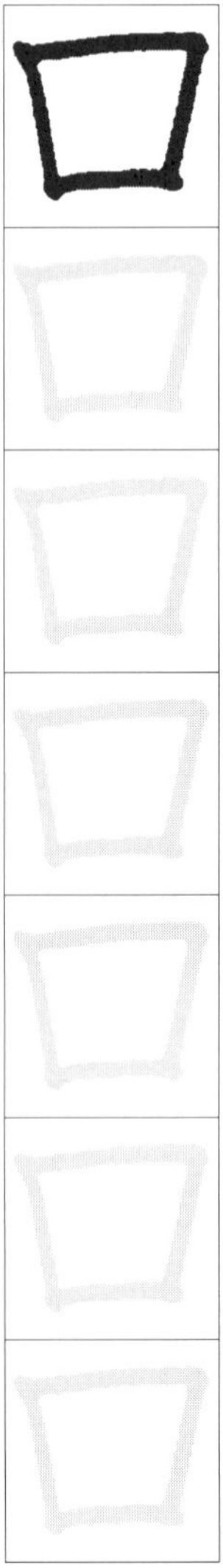

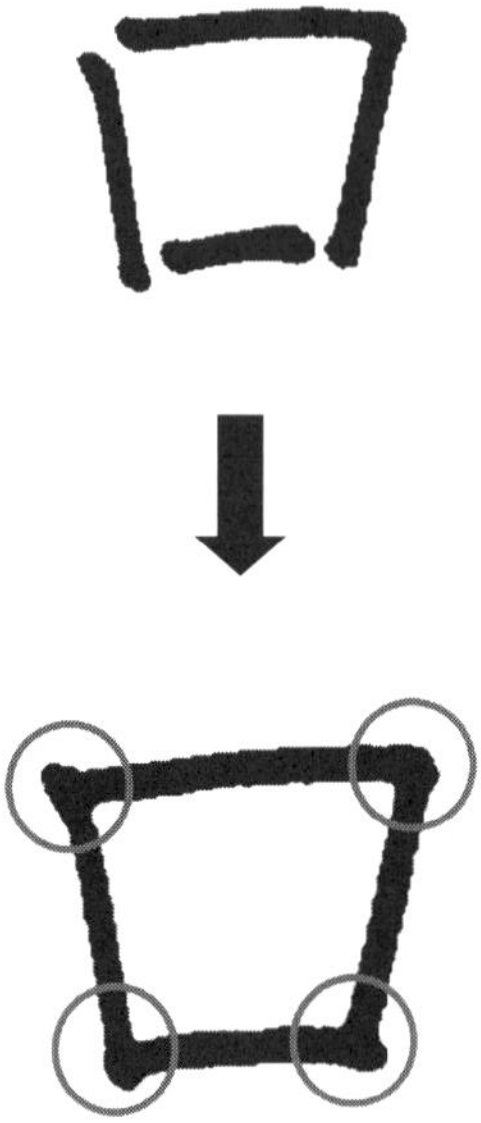

四隅をキチンと閉じる。

## ■「口」の字や四角い字の四隅はキチンと閉じる

部下（チームメンバー）の進捗状況や商品の在庫状況の把握など、リーダーにはさまざまな場面において管理能力が求められます。

**こうした管理能力を高めたければ、「口」の字を書くとき、四隅をキチンと閉じるようにしましょう。**小学校の一年生で習ったときと同じように、全体がくっついている四角形になるようにするのです。

「口」の字以外の四角い字、たとえば「田」「回」「国」「車」「白」「面」「日」「目」「貝」といった字を書くときも同様の点に注意を払うようにしましょう。

しかし、この書き方にも一長一短があり、几帳面になったり、ルールに厳格になれる反面、人によっては融通が利かなくなったり、臨機応変に対処できなくなることがあります。

したがって、**「ルーズでいい加減な面がある」という人はこの書き方を心がけ、臨機応変さや柔軟性といったものを優先したければ、目的に合わせた書き方を心がけるようにしましょう。**

## ★字の書き方をこう変えると、メンタルが強くなり、包容力が育まれる

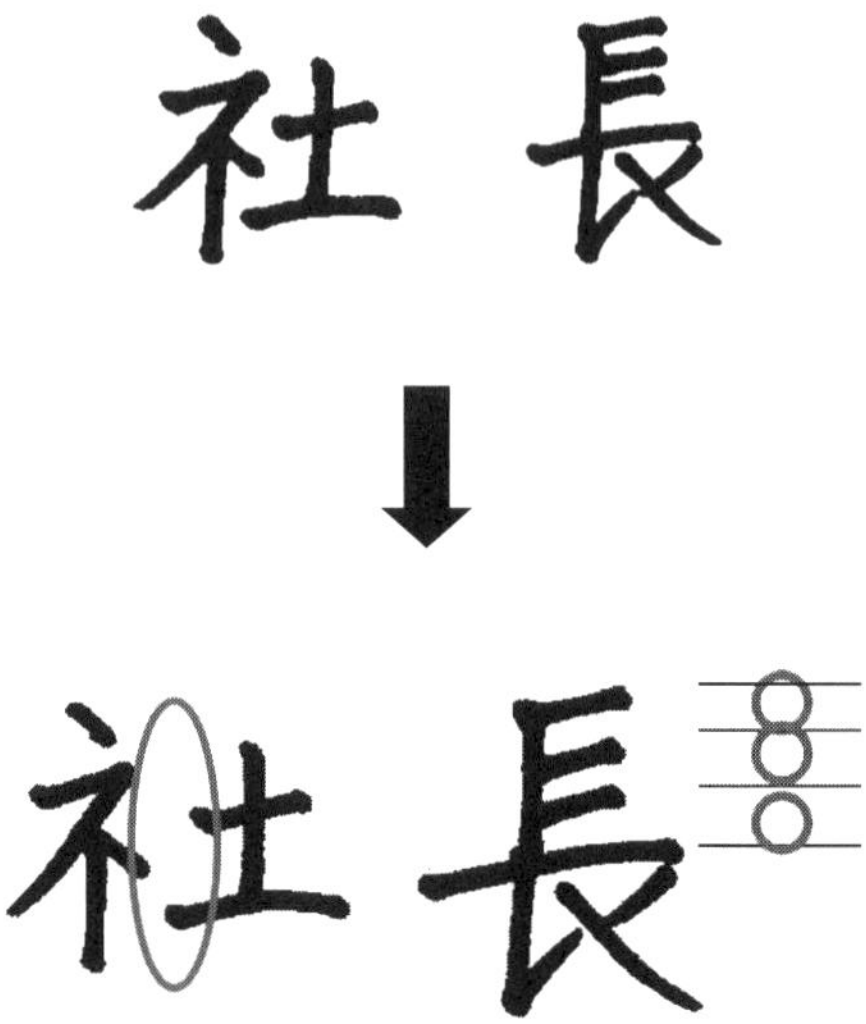


間隔を均等に書く。
へんとつくりの間を開けて書く。

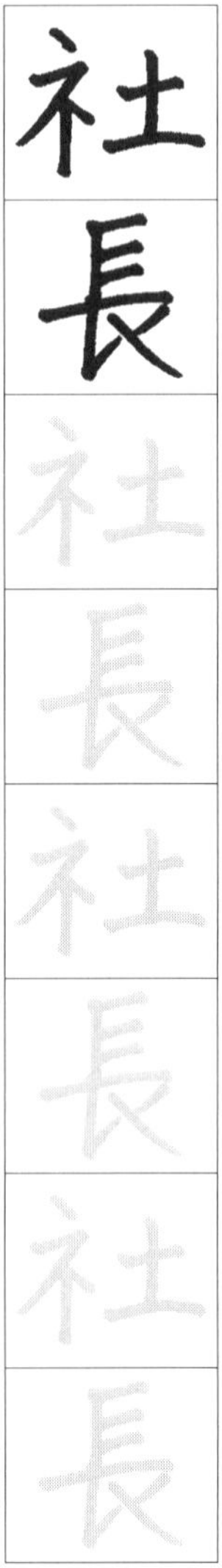

## ■偏と旁のある字は間隔を開け、縦画や横画のある字は間隔を均等にする

「部下が些細なミスをすると、カリッときて、口うるさく注意してしまう」
「メンバーと意見が合わないと、感情的になり、ついつい衝突してしまう」
こういう人は包容力がない証拠、冷静さに欠けている証拠で、その人たちの筆跡を診ると、偏と旁の間隔が狭かったり、縦画や横画の線と線の間隔がバラバラになっています。

思い当たる人は、その逆の書き方を心がけてはどうでしょう。

**偏と旁の間隔を開けて書くことは、包容力や心が広いことを意味します。**そうなれば、当然、相手の悪いところも認められるようになり、欠点やミスも許容できるようになります。

また、**縦画や横画の線と線の間隔を均等にすれば、些細なことで感情的にならなくなり、常に冷静沈着さを保てるようになります。**

リーダーと言えば「社長」。「社」の字は偏と旁があり、「長」の字は横画が複数あるので、**「社長」**の二文字を使って筆跡トレーニングを行うのもいいかもしれません。

## ★字の書き方をこう変えると、向上心旺盛になり、モチベーションが高まる

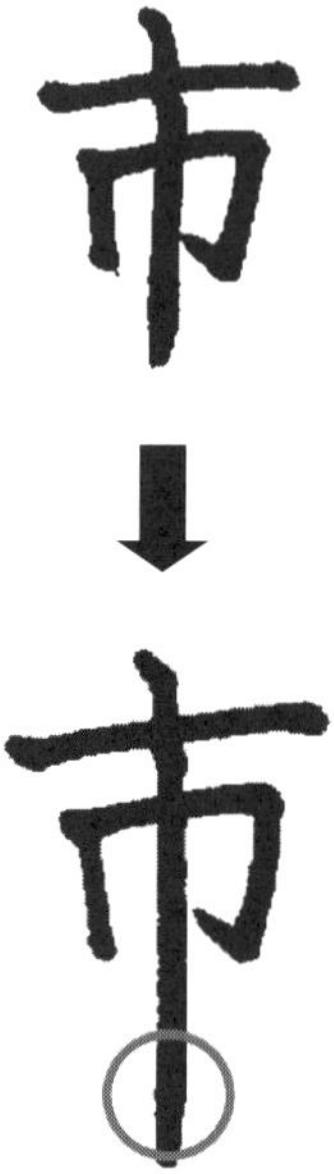

縦線を下方向に長めに書く。

川　井　申

## ■縦画のある字を書くときは、縦画を長めにしっかりと伸ばす

リーダーのモチベーションが低いとメンバーのモチベーションまで低くなるのは当然のこと。それだと望ましい成果はまず期待できません。そこでリーダーとして、自ら率先してモチベーションを高めたい人は、縦画のある字を書くとき、縦画を長めにしっかりと伸ばすようにしてください。

「中」や「市」の字などがトレーニングにうってつけですが、「川」「井」「申」「叶」「神」などの字を書くときも、縦画を長く伸ばすことを意識するのです。

**縦画の長さは向上心の表れを意味し、この書き方を習慣にすると、向上心が旺盛になり、やる気がどんどん湧いてきます。**これはとりもなおさずモチベーションが高まった証拠で、つられてメンバーのそれも大いに高まるはずです。

ちなみに、歴史上の人物では徳川家康もこの書き方をしていました。天下分け目の関ヶ原の合戦で家康率いる東軍が大勝利をおさめることができたのは、家康自身が自らの士気を高め、東軍諸将との結束を強めたからだといわれていますが、筆跡がまさしくそれを物語っているといっていいでしょう。

★字の書き方をこう変えると、気力・体力がみなぎるようになる

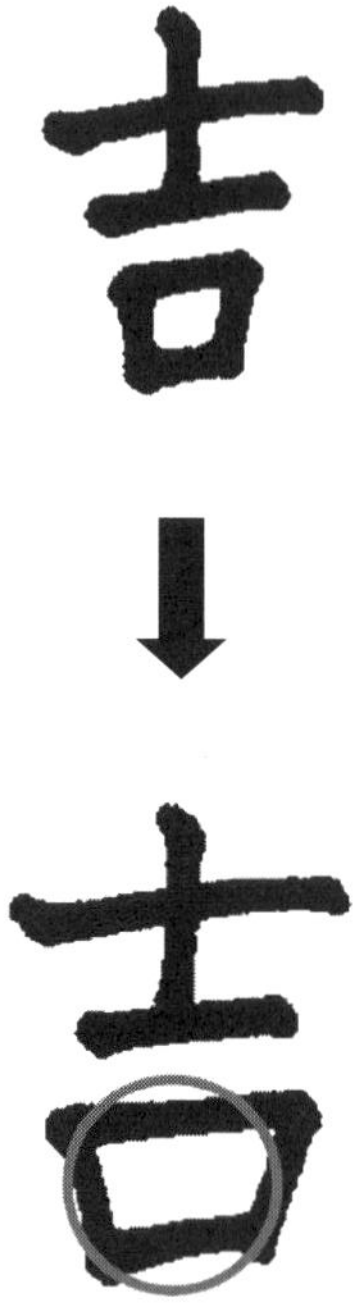


漢字の中にある「口」の字を大きく書く。

## ■口の字は大きく書く

リーダーのモチベーション・アップの原動力となるのは、やはり気力と体力でしょう。それをみなぎらせるためには、「口」の字、もしくは「口」が含まれた空間のある字を書くとき、その空間部分を大きくするようにしましょう。

「口」が含まれた空間のある字は、「京」「若」「部」「谷」「倉」「各」「吉」「足」など、けっこうあるもの。トレーニングの材料に不足することはありません。

**筆跡では「口」はその人の心のうちにあるエネルギーを表します。**つまり、やる気・活気・元気・覇気・バイタリティ・若さの度合いといったものと関係があるため、**「口」が大きければ大きいほど、それらのエネルギーも増大。**結果、気力と体力もみなぎるようになるというわけです。

ちなみに、子供（小学生）が書く「口」の字は、たいてい大きいですよね。実際、誰もが子供のころは、疲れしらずでエネルギッシュだったと思います。でも、大人になるにつれ、何かと疲れることが多くなり、だんだんと小さくなっていってしまった……。ならば「童心に帰れ」です（笑）。

★字の書き方をこう変えると、責任感が増す

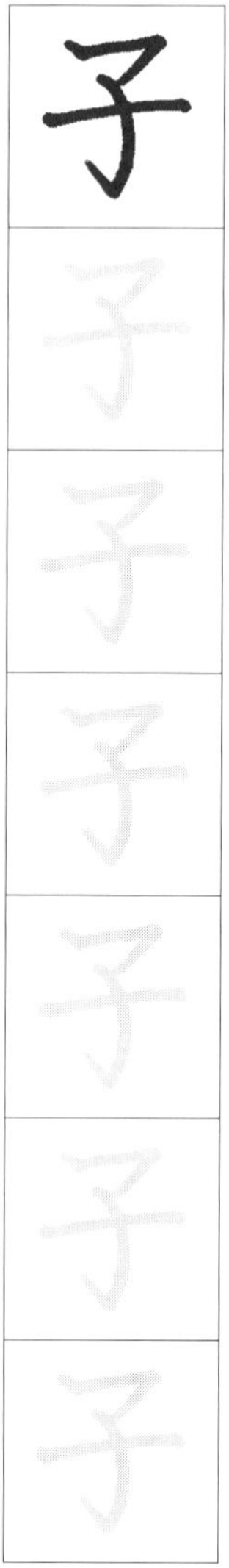

ハネを強くしっかりとはねる。
書き出し（起筆）に力を入れて書く。

九赤光

## ハネのある字ははっきりと力強く、一画目の書き出しに力を入れる

「業績を上げるための最大のカギは責任感である。権威や権限ではない」

これは経営学者として有名なドラッカーの言葉ですが、リーダーシップを発揮するからには、当然、責任感も養わなくてはなりません。

その場合の筆跡トレーニングのポイントは二つあります。ひとつは、「子」や「力」といったハネのある字を書くとき。**ハネの長さだけではなく、はっきりと力強く、最後まで気を抜かないで書くようにしてください。**これを習慣にするだけでも、責任感が強くなっていきます。

もうひとつは、**一画目の書き出しに力を入れること。この書き出しの部分を専門用語で「起筆」といいますが、「よっしゃ！」と気合いを入れるようなイメージで書いてほしいのです。これまた責任感の強化に一役も二役も買ってくれます。**

ただし、やたらめったら、すべての画の書き出しに力を入れるのはNGです。我が強くなり、他人の意見にいっさい耳を傾けなくなってしまうこともありますので、そのへんは注意して書くようにしてください。

★字の書き方をこう変えると、自信が持てる

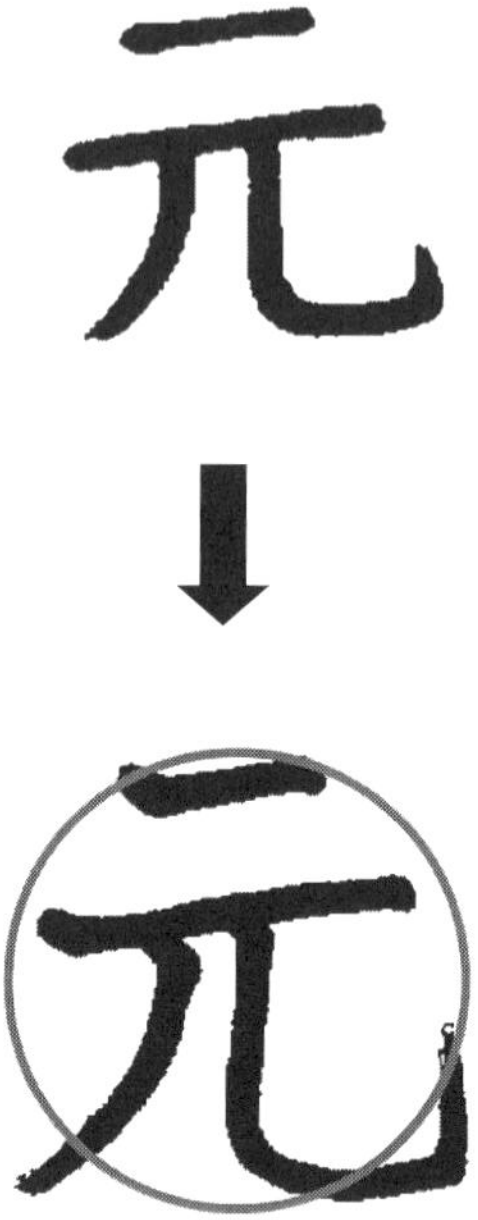


字そのものを大きく書く。
筆圧を強めに書く。

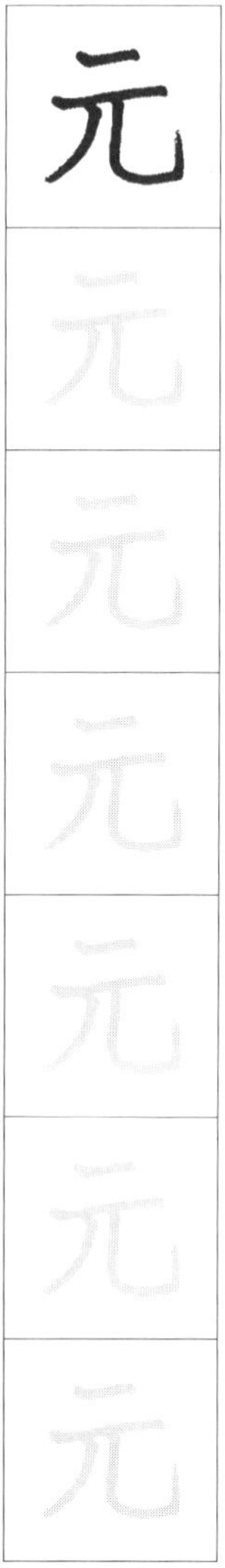

## ■字そのものを大きめに書き、筆圧も強めにする

新しいプロジェクトのリーダーに任命されたときなど、「どうしよう……。みんなをまとめていく自信がない……」という不安にかられる人も多いと思います。

しかし、そんな不安も筆跡トレーニングを行えば、またたく間に払拭できます。

抑えてほしいポイントは二つ。といっても、今回はハネとかハライとかは関係ありません。

まず、**字そのものを全体的に大きめに書いてほしいのです。**前章で、字を大きめに書くと、細かいことが気にならなくなり、のびのびと活発に行動できるようになると言いましたが、ほかにも**肝を据わらせてくれる効果があるのです。**肝が据われば、多少のことでは動じなくなりますよね。

次に、**筆圧を強めにしてください。筆圧はその人のエネルギーを表すため、筆圧を強めにすると、気合いの入り方も違ってきて、エネルギッシュに活動できるようになるからです。**

## ★字の書き方をこう変えると、即断即決できるあなたになれる

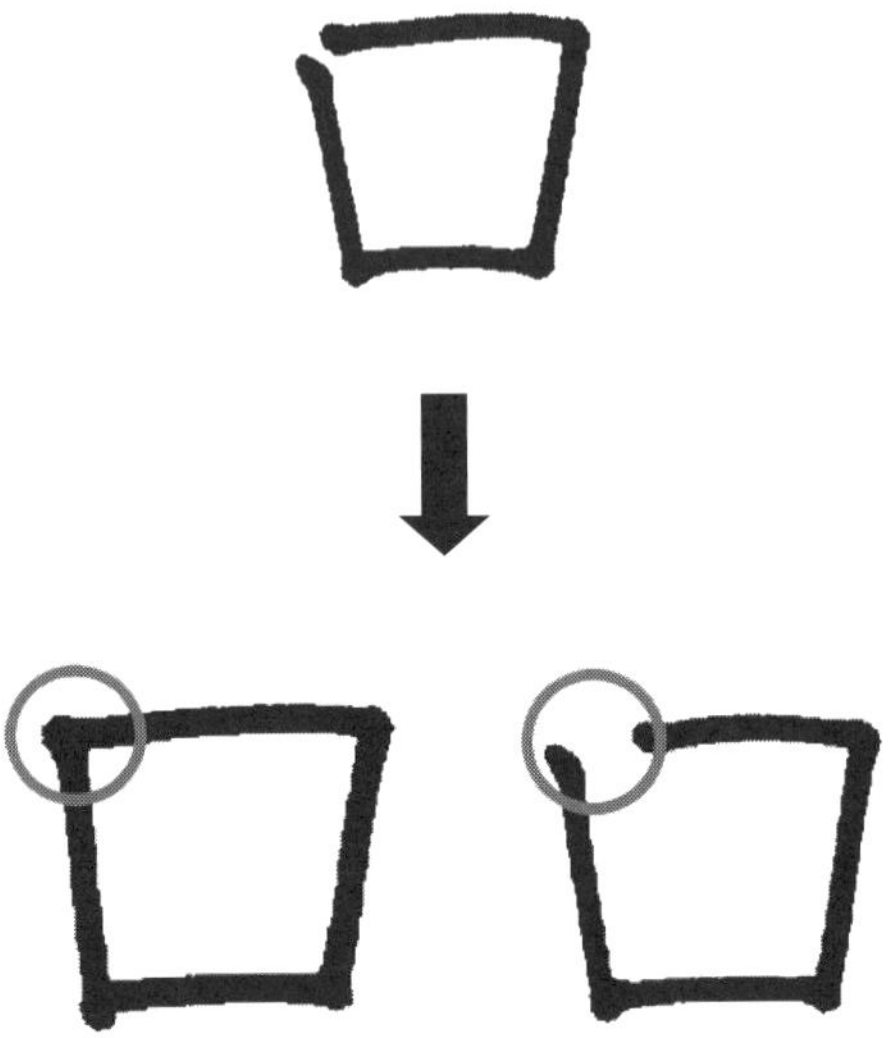


左上を微妙に開けない。
開けるか閉じるか、はっきりと。

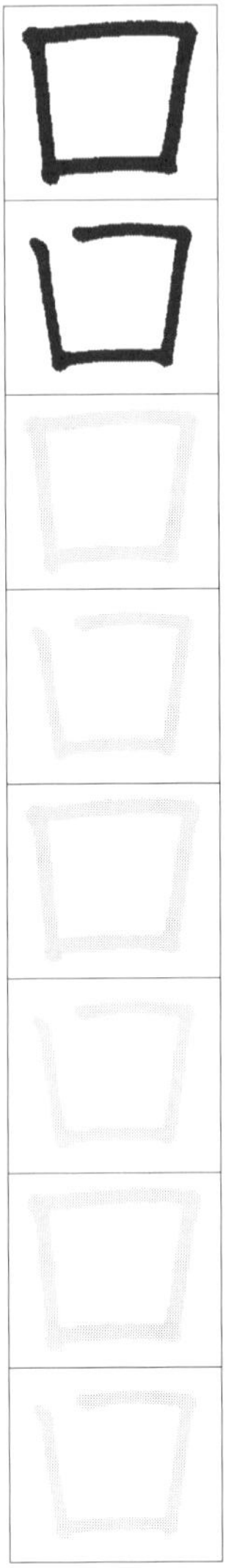

## 「口」の字の左上の角は完全に閉じるか開けるかのどちらかにする

古代中国に「朝令暮改《ちょうれいぼかい》」という熟語があります。朝出した命令が夕方には改められることから、方針などがコロコロ変わって定まらないことを表します。

厄介なのは、リーダー（上司）の立場にある人がこれをやってしまうこと。「販売プランはA案で行こう。いや、やっぱりB案にしよう」では、メンバーたち（部下たち）も振り回されるだけで、たまったものではありません。これはもう優柔不断以外の何物でもありません。

そんな優柔不断の度合いをチェックする簡単な方法があります。

**「口」の字を書いてみてください。そうしたら、左上の角に注目。完全に閉じているか、開いているかでしたら問題ありませんが、よく見ると微妙に開いていたりはしませんか。これを専門用語で「接筆あいまい型」といい、優柔不断を表します。**

**思い当たる人は完全に閉じるか開けるかのどちらかにしましょう。**管理能力を高めるうえでは前者がベターですが、寛容さを養いたければ後者がベターになります。なりたい自分に応じて、うまく使い分けるようにしましょう。

**★字の書き方をこう変えると、積極的に行動できるようになる**

広

↓

広

横に広めに書く。

先上行

広

## ■字を横に広く書く

リーダー（上司）自らがテキパキと動けば、メンバー（部下）もそれを見習いテキパキと動くようになります。

そういうテキパキと動くリーダーの筆跡を診ると、一つの共通点があります。それは**字が横に広くなっていること。これを専門用語で「横広型」**といいます。

このタイプの字を書く人は、悪く言えばじっとしているのが苦手でおせっかいなところがありますが、**よく言えば世話好きで庶民的。骨惜しみせず、積極的に行動するので、他人からも何かと頼りにされます。**

これとは正反対に、**「縦長型」といって字を縦に長く書く人。このタイプの字を書く人は貴族的で性格がおっとりしている反面、自分から率先して腰を上げようとはしません。**自分は動こうとはせず、他人にやらせようとするところがあるのです。

一概にどちらがいいとは決めつけられませんが、リーダーシップを発揮したければ、前者の「横広型」のほうが好ましいことだけは確かです。

## ★字の書き方をこう変えると、問題解決能力が高まる

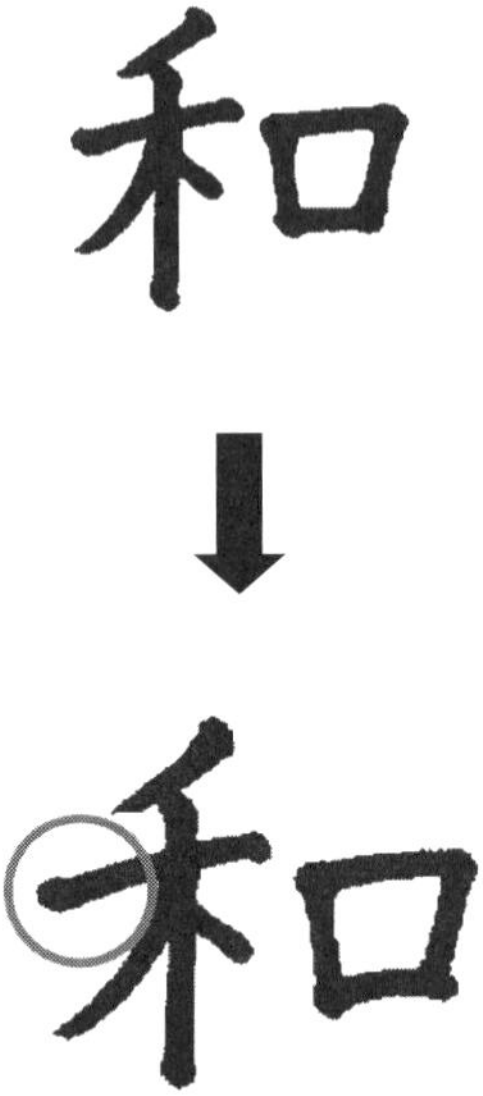

横線を左方向に長めに書く。

## ■令和の「和」を書くときは、二画目の横画の左側を長めにする

リーダーの真価が問われるのはどんなときでしょうか。やはり、問題が起きたとき、その解決に向けて、迅速なおかつ的確な指示が下せるかどうかだと思うのです。あなたはどうでしょう？　えっ、自信がないですって？　それだとリーダー失格ですよ。

でも、筆跡トレーニングを行えば大丈夫！　押さえるポイントは一点だけ。

「松」「知」「様」「私」といった字を書くとき、あるいは平成の「平」、昭和や令和の「和」の字を書くとき、**横画の左側を長めにするのです。**

これは二章でもお伝えしたように、**問題が生じたとき、頭をすばやく回転させて解決を図ろうとする行動傾向（パターン）を促進させてくれる**効果があります。

実際、この字を書く人は、自分の心の中に湧いてくるアイデアを外に出したいという思いが強く、頭の回転が速めです。「こうなったときはこう対処しよう」と、先を見越したイメージもできるので、トラブル解決能力にも長けています。

**その意味で、ピンチに強くなる書き方なのです。**

★字の書き方をこう変えると、寛大になる

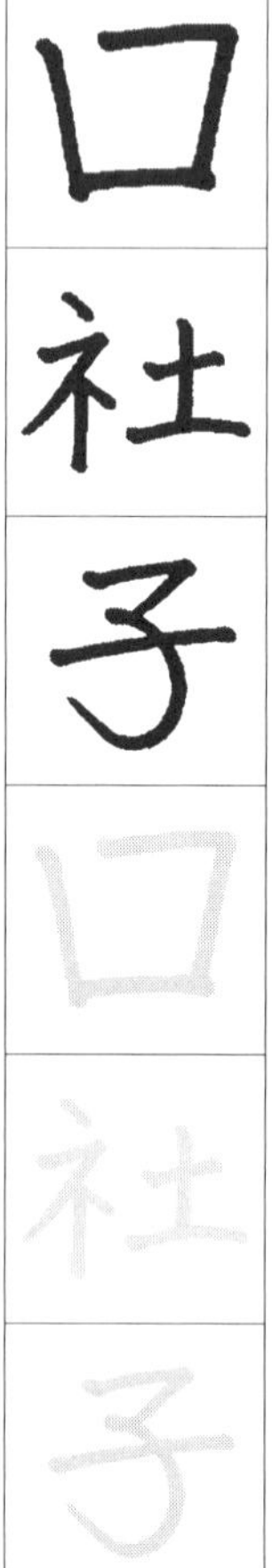


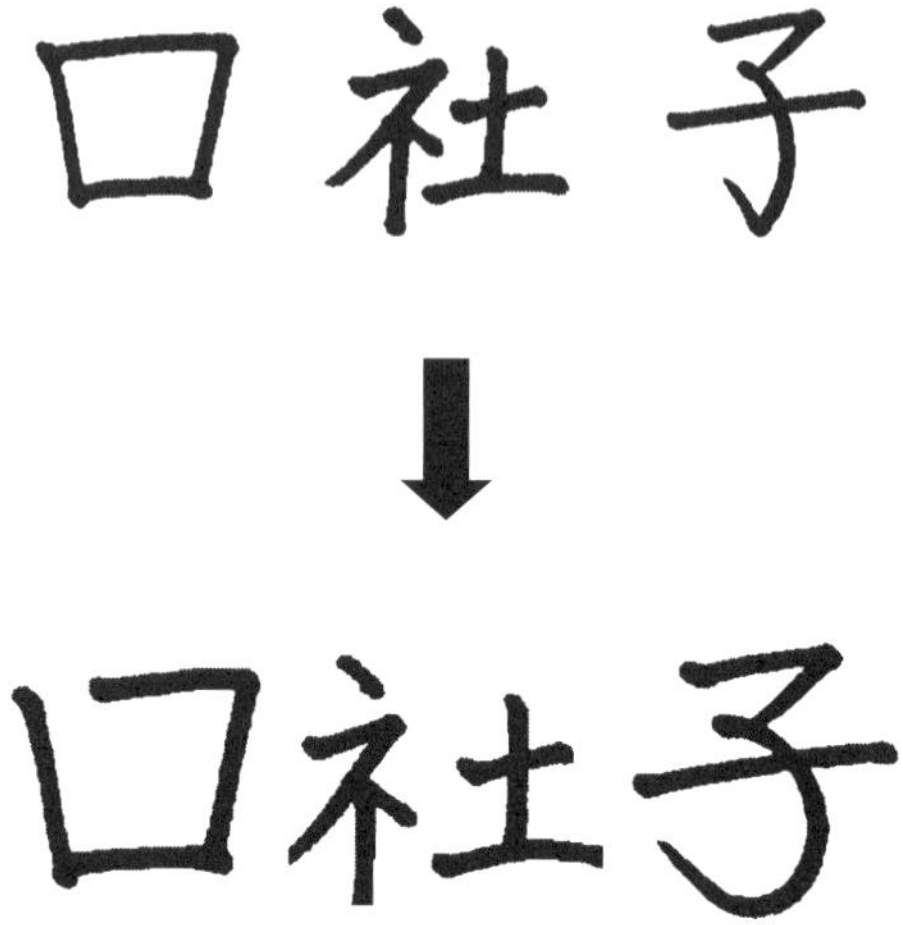


左上を開けて書く。
へんとつくりの間を開けて書く。
ハネを大きな弧を描くように書く。

## ■「口」の字は左上を開け、偏と旁のある字は間隔を開け、ハネのある字は弧を描く

メンバー（部下）から慕われるリーダーには共通点があります。それは寛大であること。メンバー（部下）が失態をおかしても感情的になったりはしません。むしろ、励まし、巻き返しのチャンスを与えようとさえします。

そんな**寛大な心を養うための筆跡改善ポイントは三つ**あります。

**ひとつは「口」の字を書くとき、左上の角を開けること。**

**もうひとつは、偏と旁のある字は間隔を開けること。**

この二つの〝開き〟を心がけていると、心が広くなり、相手のすべてが受け入れられるようになります。メンバー（部下）の失態も例外ではありませんよね。

**もうひとつは、「大弧型」の字を書くこと。**一章でお伝えしたように「子」「心」「光」「己」といった字を書くとき、**下側のハネの部分を、ハネるのではなく、大きく丸みを帯びたように、弧を描くようにするのです。**

この三つのポイントさえ押さえてしまえば、相乗効果によって、あなたの好感度はグンとアップすることうけあいです。

## ★字の書き方をこう変えると、信念が強くなり、人に流されなくなる

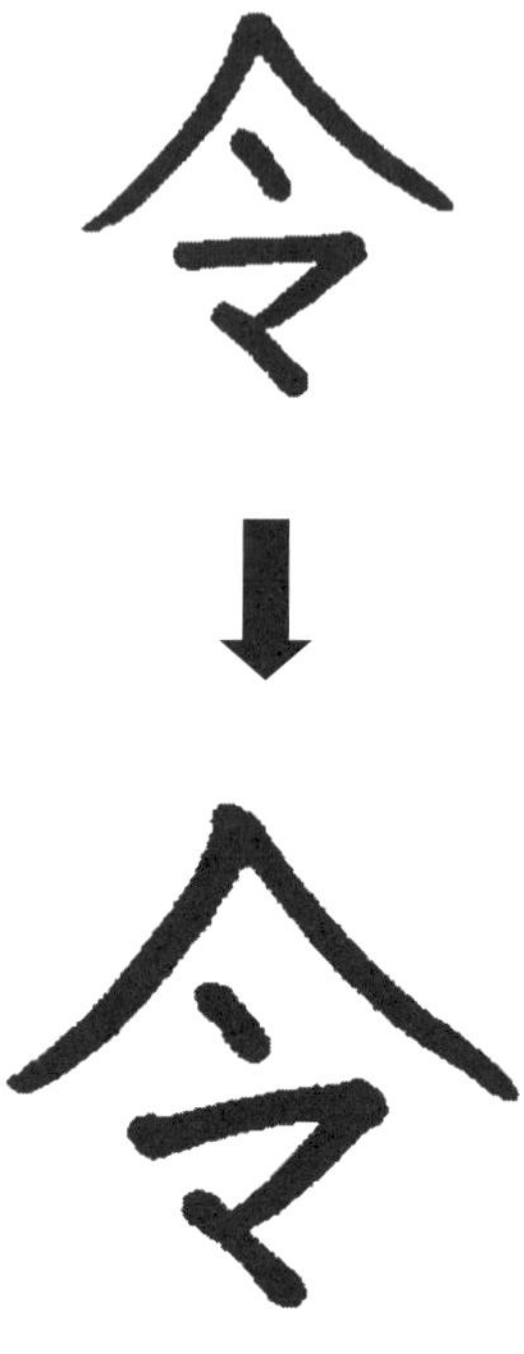


最初から最後まで、
力強くしっかりと書く。

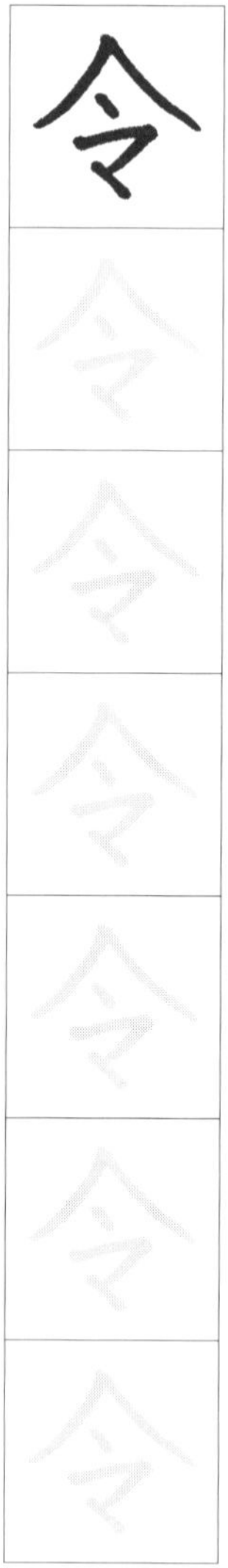

## ■最初から最後まで力強くしっかりと書く

「メンバーたちはA案よりもB案の販売プランが気に入ったみたいだから、私もB案に賛成しよう」

このように他人に流されやすい人は信念が弱い証拠。リーダー失格です。

これを改善するためには、**最初（起筆）から最後（終筆）まで力強くしっかりと書くクセをつける**ことが大切です。筆圧はその人の行動の軸となる考え、すなわち信念を表すため、筆圧が強くなればそれに伴い信念も強くなるからです。

たとえば令和の「令」の字。一画目も二画目もサーッと勢いで払うのではなく、**書き出しに力を入れ、ゆっくりと丁寧に、なおかつしっかりと払う**ようにするのです。三画目以降も同じ。シャカシャカ書くのではなく、一画一画、最初から最後まで気を抜かない感じで、ゆっくり丁寧にしっかりと書くようにしてください。

これを習慣にすれば、**まわりの意見に流されなくなり、確固たる自分の信念が育まれるようになります。それだけではありません。字そのものがキレイになり、一石二鳥の効果が期待できるのです。**

## こんな字を書く人はこんな人

あなたの職場に空間が潰れたような字を書く人はいませんか。たとえば「京」の字の中に「口」という字があります。その「口」の部分がベチャッと押し潰されたようになり、空間がない、または狭くなってしまう書き方です。こういう字を書く人は心身がかなり疲れている証拠。ウツ傾向の人にも多く見受けられます。

本文で「口」の字を小さく書くのは元気のない証拠だと言いましたが、それよりもさらに疲れて危険な状態です。表面上は明るく振舞っても、字は嘘をつきません。心はかなり苦しいはずなので気をつけてあげましょう。

# 第5章

## 字の書き方をこう変えると、コミュニケーション能力が高まる

## 字の書き方を変えれば自分が変わり、自分が変われば他人も変わる

「人生のあらゆる問題は人間関係の悩みである」

これは有名な心理学者アルフレッド・アドラーの言葉ですが、けだし名言といっていいでしょう。

プロローグでもお伝えしたように、私は長年にわたって職業訓練校の講師を務めてきましたが、最近の訓練生を見ると、**その多くが人間関係のこじれが原因で仕事を辞めているのが実状で、それは筆跡にも表れています。**

「これじゃあ、誰ともうまくやっていけないなあ」「これだとコミュニケーションがうまく図れないに決まっている」という字を書いているのです。

そんな訓練生たちでも**筆跡を改善すると、状況がガラリと一変。クラスメイトたちと良好な関係が築けるようになり、**就職もうまくいくようになります。

当人たちは「まわりの人たちが変わったから」と言いますが、自分自身が変わらな

い限り、他人は変わりません。いや、変えることなんかできません。

では、なぜ？　実はこれにもキチンとした理由があります。

**字の書き方を意識的に変えていけば、深層心理の行動管理機能が変化し、それにともない、性格、ひいては日頃の言動が変わるようになります。表情もイキイキとしてきます。積極的に人に挨拶できるようになり、笑顔で接することも多くなります。これは自己肯定感が高まった証拠。ただ、自分ではその自覚がないだけのことなのです。**

同じことはあなたにもいえます。字の書き方を変えれば、自分では気がつかないところで、**深層心理の行動管理機能が変わり、ひいては性格も変わるようになります。そして、それは言葉づかいや態度になって現れます。すると、他人とコミュニケーションが図りやすくなり、良好な人間関係が築けやすくなります。**

この章では、そのための筆跡改善ポイントをお伝えしていきましょう。

★こんな字を書く人は、早急に改善が必要

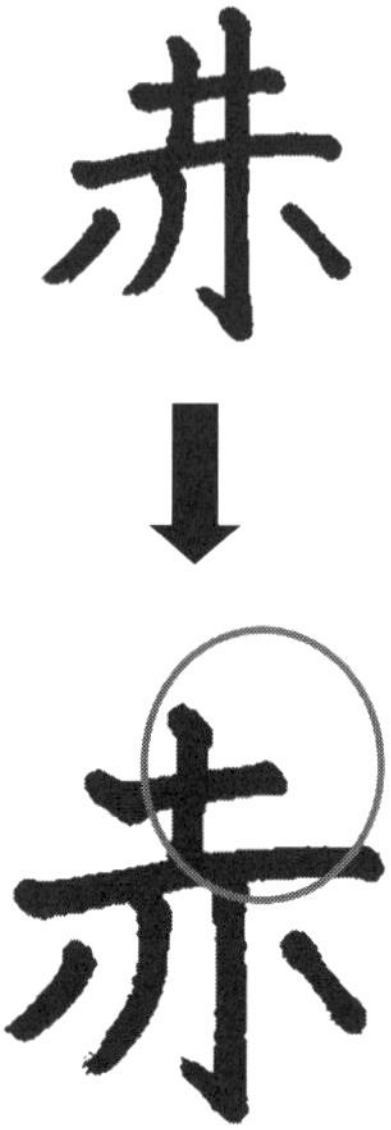

伸びない線を伸ばし、他の線にぶつかるように書く。

## ■伸びない線を伸ばすなどして、他の画を傷つけないようにする

長年にわたって職業訓練校の講師をしていると、「みんなから敬遠されている」「いつも誰かとトラブルを起こしている」という訓練生がたまにいたりします。

そういう人の筆跡にも特有の共通点があります。それは専門用語で「異常接筆型」といって、**通常では伸びない線が伸びるなどして、ほかの画を傷つけてしまっている書き方をしていること。**「赤」の字を例にあげると、図にもあるように、五画目の縦画が上の横画を大きく突き抜けてしまうのです。こうなると、もはや「赤」という字には読めません。

**この「異常接筆型」の字を書く人は、心が不安定で自制心が効きません。自己中心的で、他人と衝突しやすく、周囲の状況にお構いなしに行動し、トラブルを起こしてしまう人もいます。**

思い当たる人は意識して早急に直すようにしてください。その場合、右の図にもあるように**「区」「庫」「休」「断」「勝」「崎」**などの字もチェックの対象にするといいでしょう。

## ★字の書き方をこう変えると、人づきあいの心配性が直る

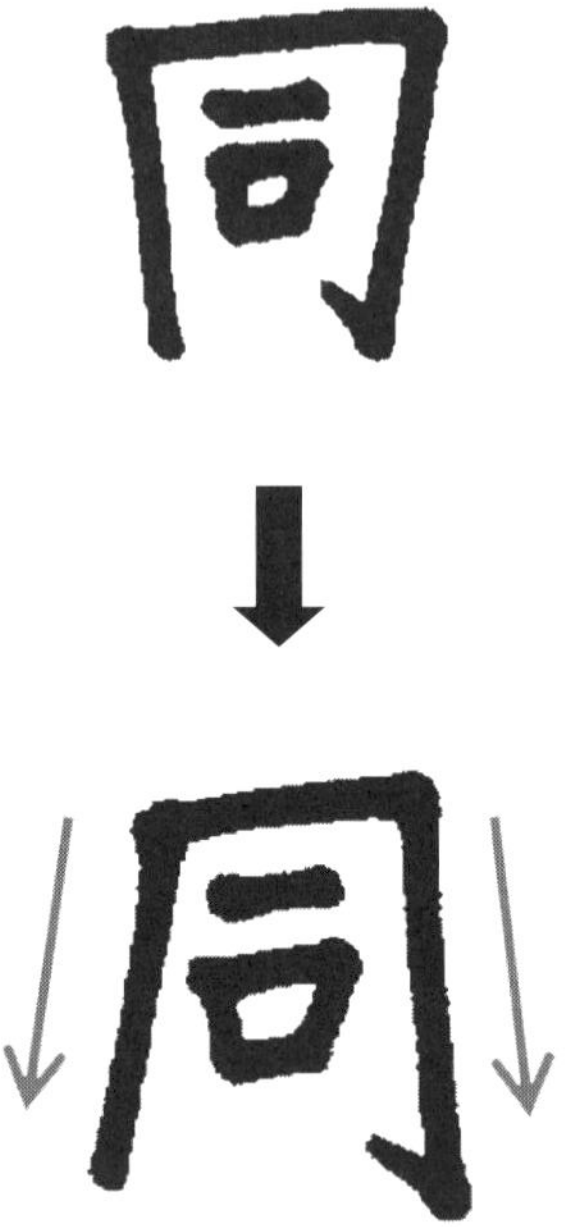

末広がりに書く。

## ■「下狭型」から「弘法型」の末広がりの字に切り替える

「ノルマが達成できず、上司からマイナスの査定を下されたらどうしよう」

「今日、飲み会に誘われなかったけど、みんなから嫌われているのかなぁ」

**このように起きてもないことでクヨクヨと思い悩んだり、物事をマイナスに解釈する心配性の人の筆跡**にも特有の共通点があります。

**「同」の字を例にあげると、左右の縦画が下に行くにつれ、内側に向かって狭まってしまう書き方です。**これを専門用語で「下狭型」といいますが、この字を書く人は人間関係にいつも不安を感じて、心配性で消極的。良いことが続くと、この幸せは長く続くわけがないと考え、発展性不足。

しかし、この場合の改善方法はいたって簡単。**「下狭型」とは逆の「弘法型」の字を書けばいいのです。「弘法型」とは左右の縦画が下に行くにつれ、外側に広がる〝末広がり〟の書き方をいい、心の安定を意味します。**ですから「開」（もんがまえ）の字のほか、「円」（けいがまえ）や「国」（くにがまえ）の字を書くときも末広がりを心がければ心配性は改善されてきます。

★字の書き方をこう変えると、内向的な性格が改善され、外交的になる

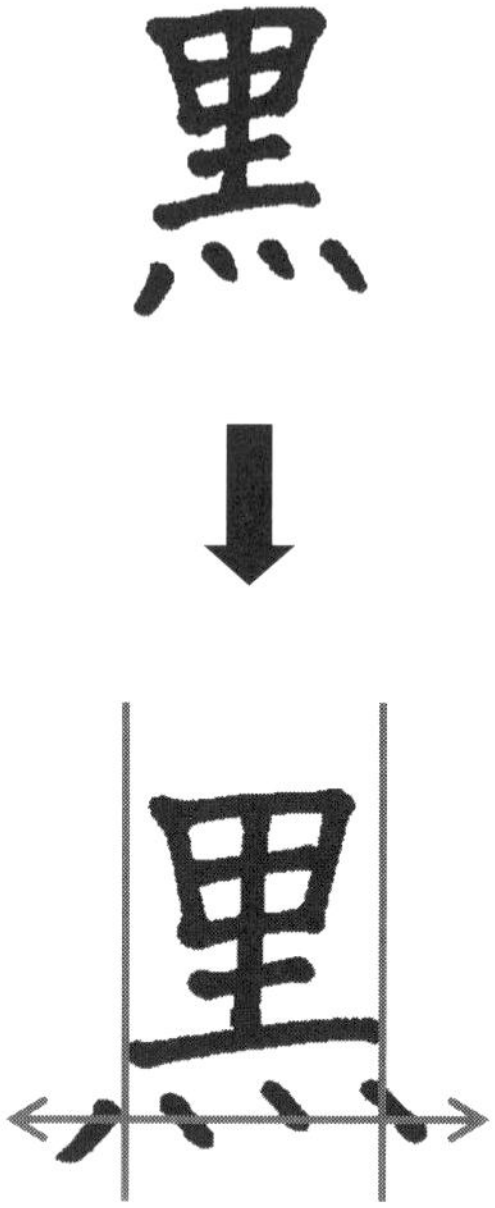

点を外側に出るように書く。

## ■点が横画よりも外側に出る書き方をする

コミュニケーションに自信がない人たちの多くは、自分から誰かに話しかけるのが苦手です。それは内向的な性格をしているからであり、そういう人の字を診ると、これまた共通点があります。

「黒」の字を例に出すと、八〜十一画目の**四つの点が上の「里」よりも内側に収まっているのです。**「思」の字も同じで、下半分の四つの点が上半分の「田」よりも内側に収まっています。

**これは感情が内側に向いている証拠、シャイで引っ込み思案な証拠。よく言えば「大人しい控えめな人」ですが、悪く言えば「何を考えているのかわからない人」「人付き合いの悪い人」と他人から思われがちです。**

**そこで外交的・社交的になりたければ、点が横画よりも外側にくるような書き方をオススメします。**「黒」の字でいえば、七画目の横画よりも八画目と十一画目の点が明らかに飛び出るようにするのです。その場合、**点と点の間を広げて書く**こともポイントになります。

★字の書き方をこう変えると、自己開示がうまくなる

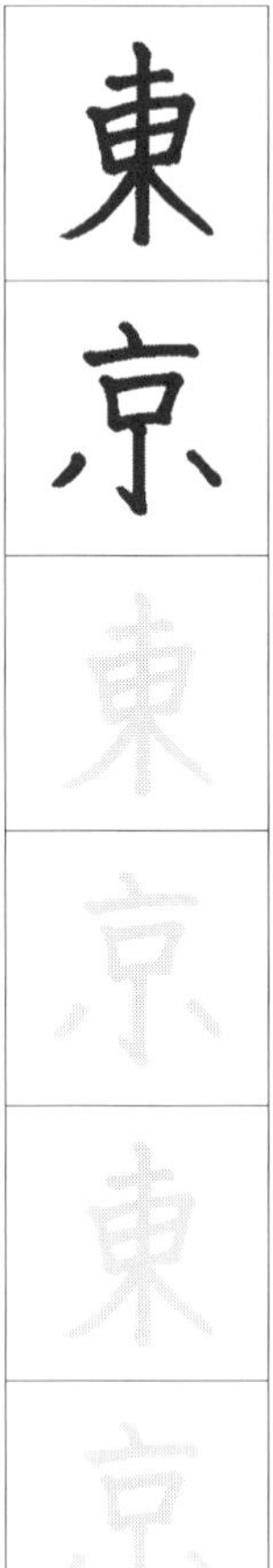


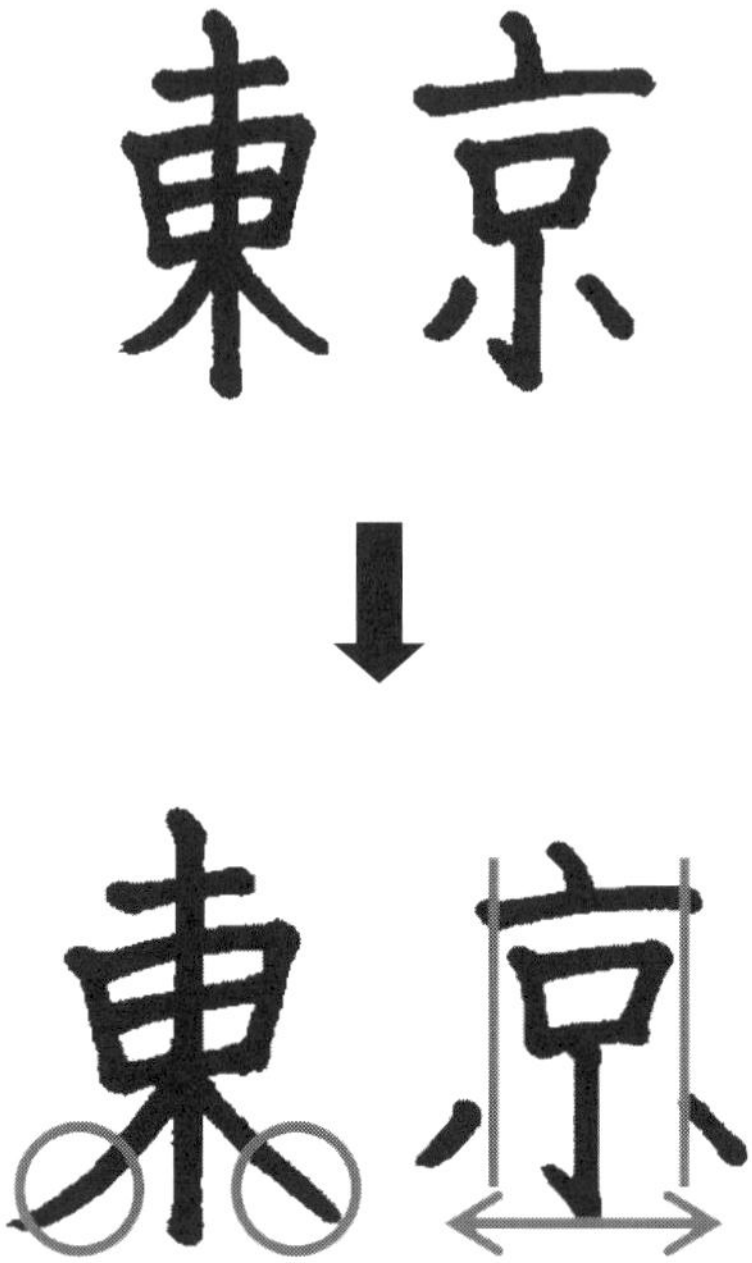


左右のハライをバランスよく、
長めに払う。
点を外側に出るように書く。

烋照会

## ■左右のハライがある字はきれいに払い、点のある字は外に飛び出るようにする

自己開示はお互いの意思疎通を図り、コミュニケーションを深めるうえで、ものすごく重要になってくるのは言うまでもありません。この**自己開示が苦手**という人は、二つのポイントを押さえるようにしましょう。

ひとつは、「天」や「大」や「美」のように**左右にハライのある字は両方ともきれいに払うこと**。

**左右のハライが短めな人は、自己抑制が強く目立ちたくない人、長めな人は、情緒豊かで感情が表に出やすく、自己開示がしやすくなります。**

もうひとつは、前項でも述べたように、**点がある字は外向きに飛び出るようにすること**。「京」の字なども、二画目の横画よりも、七画目と八画目の点が外側に出るようにしてください。そうすることで、**積極性が増してきて、気持ちが外側に向かうようになります**。

この二つのポイントが凝縮されたのが「**東京**」**の二文字**。「東」の字には左右にハライがありますよね。「京」の字には点がありますよね。この二文字を書く頻度は何かと多いはずなので、格好のトレーニング文字になると思います。

## ★字の書き方をこう変えると、協調性が高まる

へんとつくりの間を開けて書く。
上への突き出しを短めに書く。

## ■縦画が横画を大きく突き抜けない書き方と、偏と旁の間を開ける書き方を心がける

第三章でリーダーとして人をグイグイ引っ張っていくときは、「木」の字などは二画目の縦画が一画目の横画を大きく突き抜けたほうがいいと述べました。

しかしその逆に**縦画が横画をあまり大きく突き抜けないほうがいい場合もあります。**

それは**協調性を強めたいときです。**この書き方は**周囲との和を重んじ、まわりの意見に耳を傾け、理解を示すことを表すため、チーム一丸となって共同でプロジェクトを進めていく人には最適**です。

ただし、注意点もあります。それは**縦画が横画をまったく突き抜けない書き方です。**これだと「木」の字が「不」の字のように見えてしまいます。**突き抜けないというのは、自分の意見・考えを抑え、他人の意見・考えを優先することを表すため、かえってストレスをためることになります。**したがって、**縦画が長く突き抜けず、少し出ているくらいが、ちょうどいいのです。**

また、**偏と旁のある字はその間隔も開けるようにしてください。**くどいようですが、これは心の広さ、社交性の高さ、視野の広さを意味します。

## ★字の書き方をこう変えると、相手の言うことが聞き流せるようになる

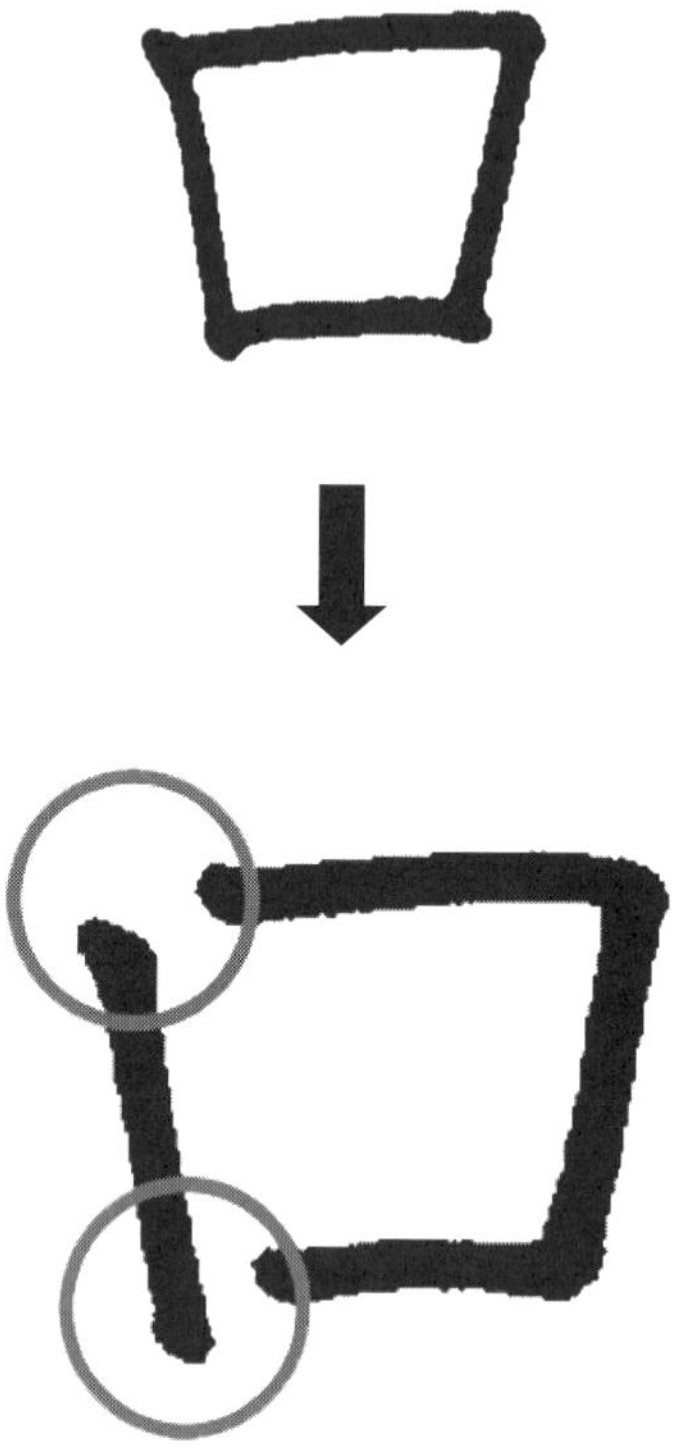

左上と左下を開けて書く。

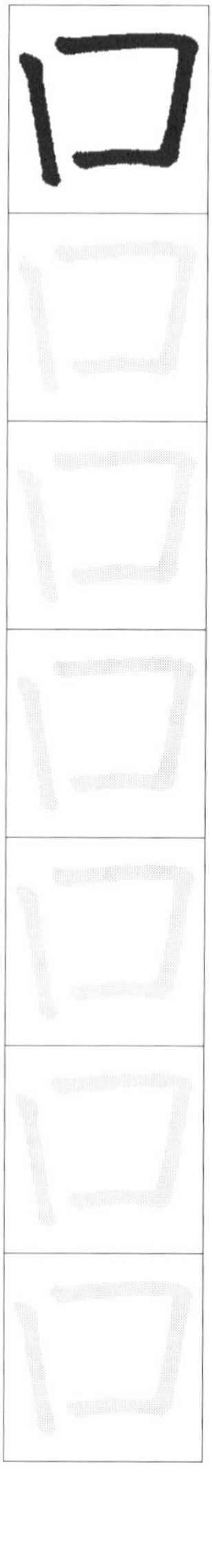

## ■「ロ」の字を書くとき、左上の角と左下の角を開ける

上司はけっして悪意で叱ったわけではない。にもかかわらず「あんな言い方をされた。オレってやっぱりダメなんだ」という気持ちを引きずり、**いつまでもクヨクヨすることってありませんか。**

あなたがそうだとしたら、**「ロ」の字を書くとき、左上の角と左下の角を開けるといい・い・か・も・し・れ・ま・せ・ん。**

左上から汚れた水が流れ込んできても、左下の底が開いてるので、貯まらずにどんどん流れ落ちていく……みたいなイメージです。

ただし、この書き方には二つのリスクがあります。

**ひとつは、お金が入ってきても出て行ってしまうこと。**もうひとつは、**うっかりミスが多くなること。**「いいかもしれません」という表現を用いたのはこのためです。

したがって、**この字を書くのはできるだけ短期間にして、ある程度、相手の言葉が受け流せるようになったら（クヨクヨしなくなったら）、左下の角は閉じるようにするといいでしょう。**

★字の書き方をこう変えると、他人の話がキチンと聴けるようになる

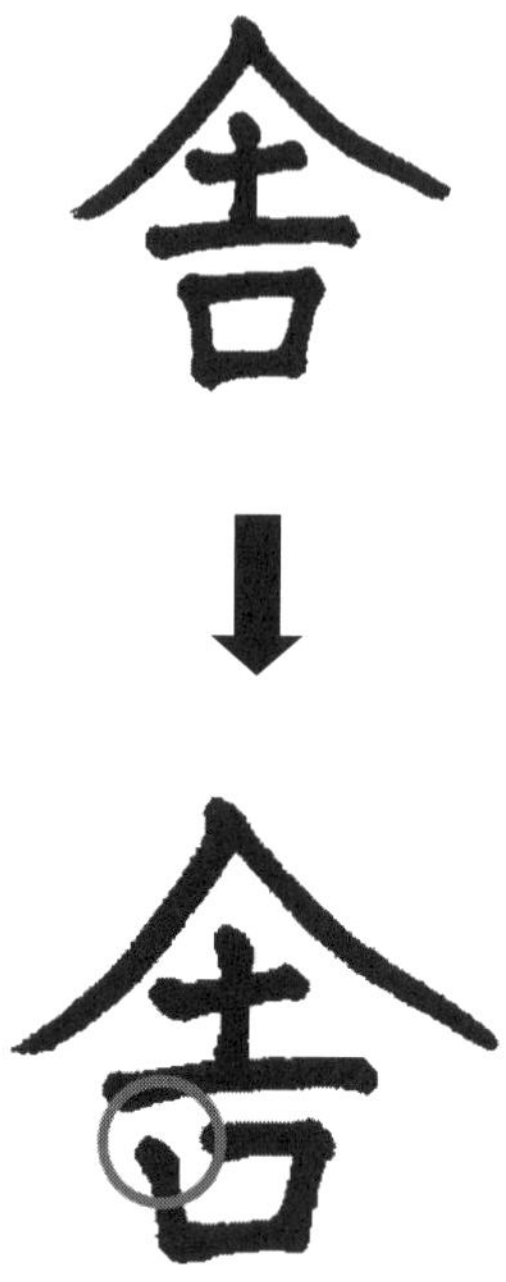

左上を開け、それ以外はすべて閉じて書く。

## ■「口」の字、「口」が含まれた字を書くときは、左上の角を開ける

人は誰でも自分の体験したことを他人に伝えたがっています。そうすることで感動を分かち合ったり、共感してもらうことを望んでいます。そのためには、相手の話をキチンと聴く「傾聴のスキル」を高める必要があります。

この力をアップさせるためには、「口」の字、もしくは「口」が含まれた字を書くとき、**左上の角を少し開けるようにしましょう（他の角はすべて閉じる）。**

**これは相手の考えていることを受け入れるという意味があるため、この書き方をマスターしてしまえば、人の話がキチンと聴け、理解・共感を示しやすくなります。**

なお、「口」の字の左上を開けることの大切さは、これまで耳にタコができるほど何度もお伝えしてきましたが（笑）、実は大きな利点がほかにもあります。何だと思いますか？　それはあなたがいちばん望んでいること。そう、**お金が貯まるようになること**。傾聴のスキル（コミュニケーション能力）だけでなく、金運までアップさせることができれば最高ですよね。

## 筆跡を変えれば、仕事ぶりはここまで変わる　その3

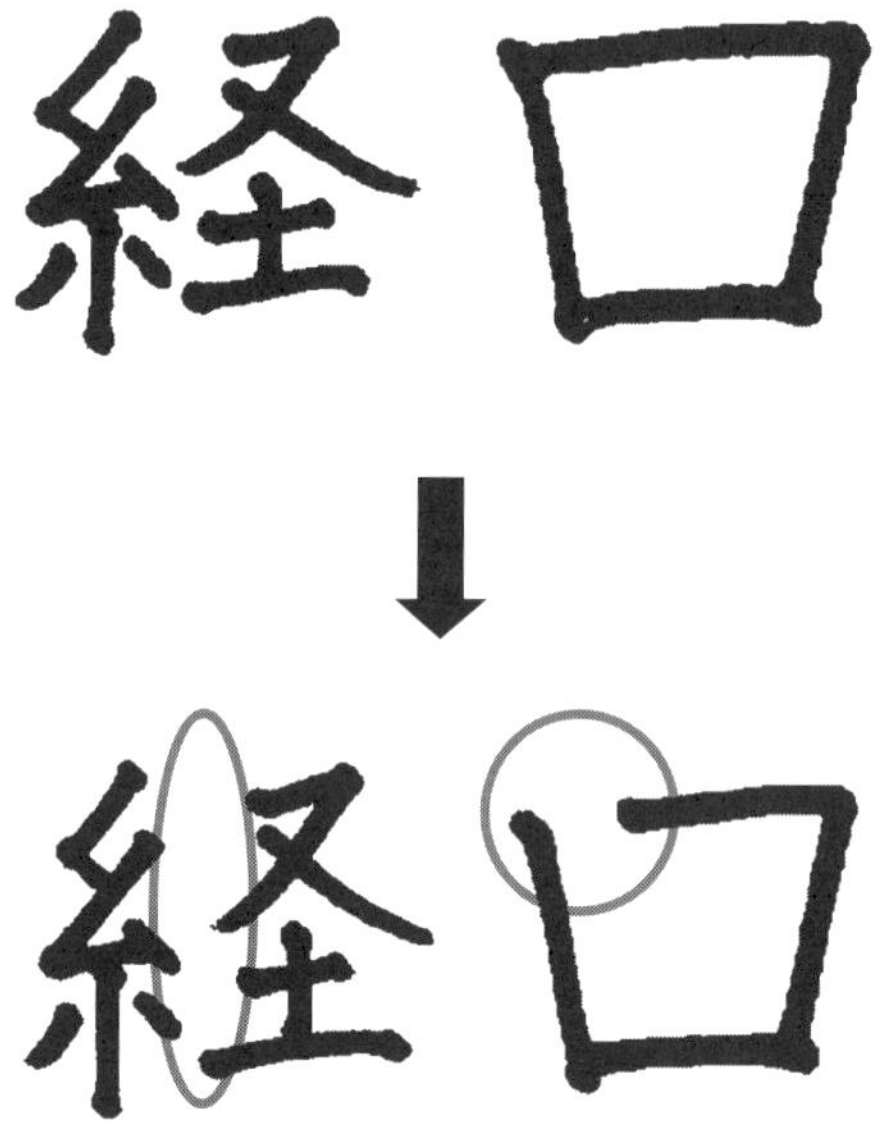

## 挨拶も交わしてくれなかった同僚と海外旅行に行くまでの間柄に

続いて紹介するのは二八歳の女性のケースです。

アパレルメーカーで経理の仕事をしているA子さんには職場でちょっとだけ心を曇らせていることがありました。それは同じ年の同僚・B子さんとの関係です。「おはようございます」「お先に失礼します」と**挨拶しても、まったく返事を返してくれないのです。**「週末はどう過ごすの？」と尋ねても、返ってくる言葉は「べつに……」だけ。そういうこともあって、必要最低限の事務的な会話しかすることがありませんでした。

彼女が筆跡の勉強会に参加してくれたのはそんな矢先のことで、個別相談を受けた私は二つの筆跡改善ポイントをアドバイスすることにしました。

ひとつは、**偏と旁のある字を書くときは、その間を開けること。この書き方を心がけると、他人に対して自分の心が開けるようになります。**心を開いてくれない人には自分も心を開こうとはしませんが、心を開いてくれる人には自分も心を開こうとします。その効果を狙ったのです。

もう**ひとつは、「口」の字の改善でした。**彼女の場合、「口」の字を書いてもらったところ、**四隅がすべて閉じてあったので、左上、つまり、一画目と二画目の間だけ開けるようにアドバイスしました。**

なぜ、この書き方が望ましいかというと、筆跡診断では相手の考え・価値観といったものを受け入れることを意味するからです。**相手の考え・価値観といったものが受け入れられるようになれば、相手に共感し、思いやる余裕も生まれてきます。**

すると、一週間も経たないうちに、二人の間に大きな変化が起こりました。

なんと、同僚のB子さんのほうから率先して挨拶をしたり、声をかけてくるようになったのです。

「お正月はどうするの?」（B子さん）

「彼もいないし、せいぜい実家に帰って、寝正月といったところかなあ」（A子さん）

「なんだA子さん、恋人いないんだ。私もそう。同じね」（B子さん）

「エッ、B子さんもいないの？　美人なのに。ホッとしたわ、うふふっ」（A子さん）

そして、いつしかアフター・ファイブになると、一緒に食事をしたり、買い物に行く仲になっていたのです。

びっくりしたのは、本書を執筆中、A子さんからこんなメールをいただいたことでした。

「十連休なので、B子さんと二人で台湾に行ってきます。令和の最初の日は彼女と小籠包をたくさん食べてきますね」

他人は変えられないといいます。そのとおりで、他人の心は自分の意志ではどうすることもできません。だとしたら、**筆跡を改善することで、まず自分が変わることです。自分が心を開いて、相手を受け入れようとすれば、相手もまた同じような態度をとるようになるのです。**

## ★字の書き方をこう変えると、他人と口論しなくなる

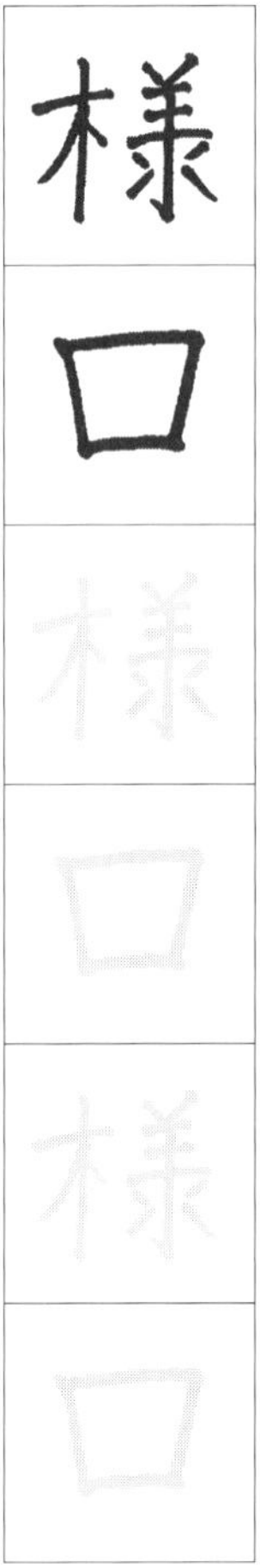

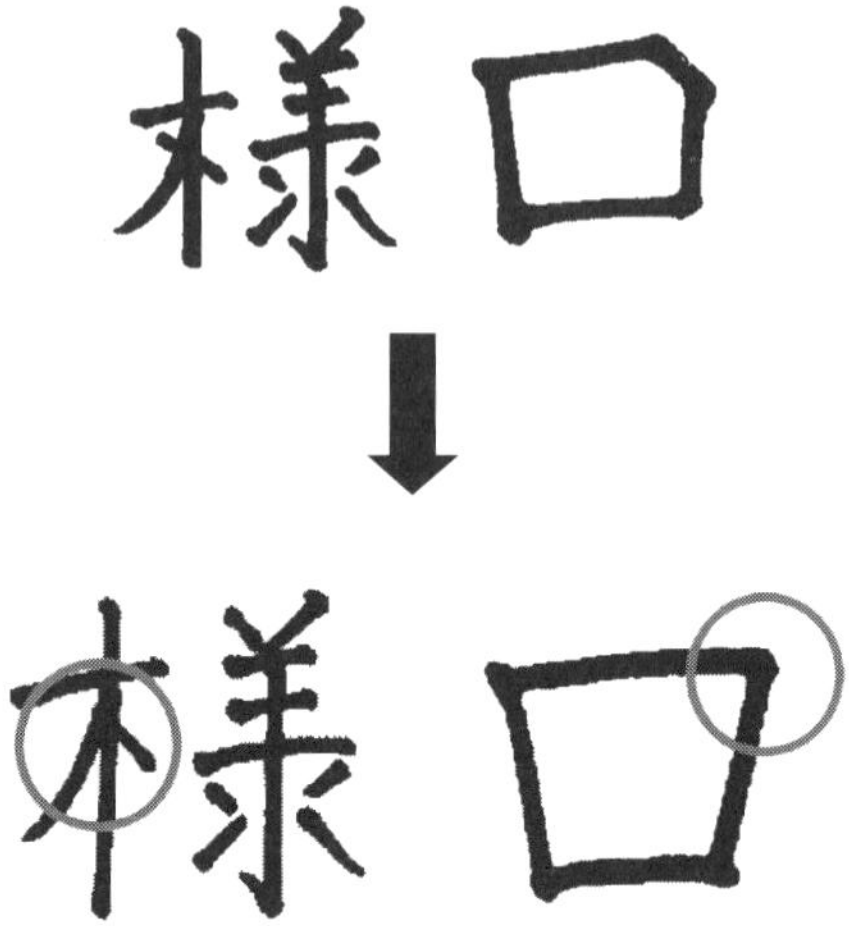

他の線を切るように書かない。
右上の角を一画増やしたような特殊な書き方をしない。

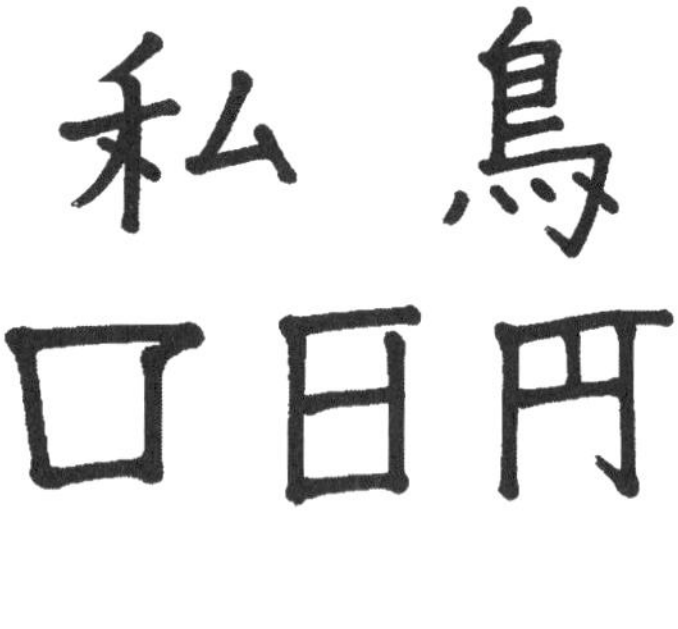

## ■ほかの画を切るように書かない。角を一画増やしたような書き方をしたり、外に突き出すように書かない

他人とよく口論する人は良くも悪くも自分の意見を、歯切れ良くズバズバ口にしてしまうところがあります。

そういう人の筆跡――たとえば「様」の字を例に出して説明すると二画目のみ、または二画目と三画目を四画目が切っているような書き方をしています。

これを専門用語で「**刃物運型**」といい、刃物を使う仕事（理美容師、調理人など）や物事を白黒ハッキリさせる仕事（警察や税理士など）に就いている人が書くことが多いことからその名がつきました。もし、**人にズバズバと言いすぎて、人間関係に支障をきたしているような場合、切らないようにすると良いでしょう。**

また「口」の字を例に出すと、**右上の角がまっすぐ下に行かず、一画増えたような書き方をする**人もいて、これを「**特殊角型**」といい、こういう字を書く人は**非常に頑固、クセが強く、何事も自己流で貫き通そうとする面があります。**

**刃物運型、特殊角型ともに人間関係の状況次第で改善することをお勧めします。**

★字の書き方をこう変えると、自分の意見をしっかり口にできる

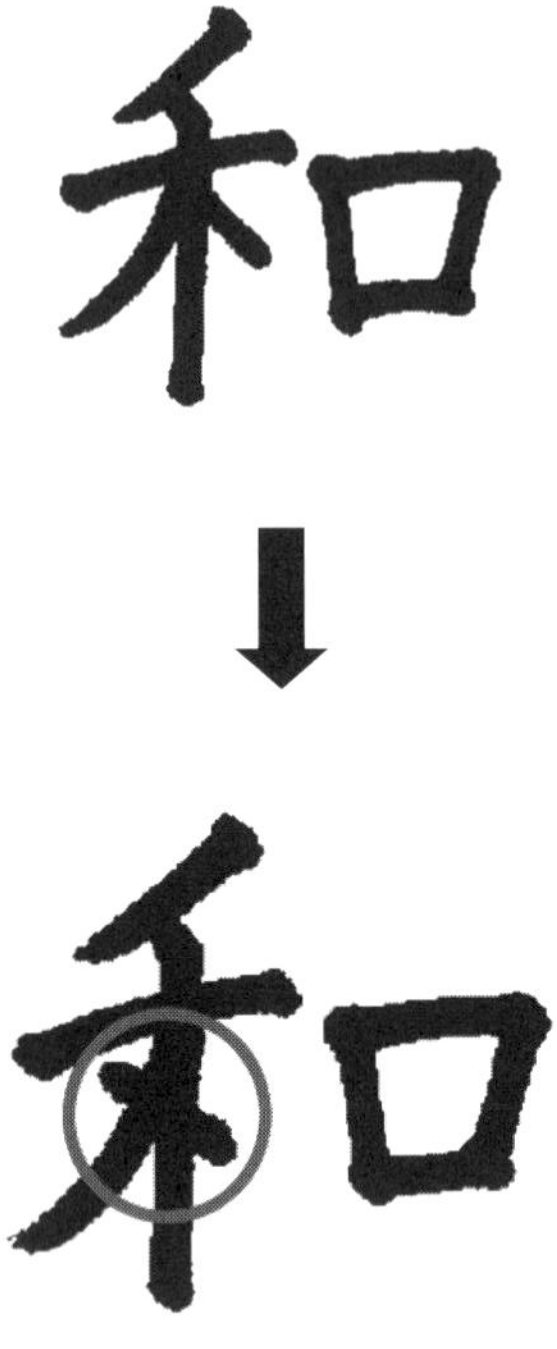

他の線を切るように書く。

石寺馬

## ■ほかの画を切るように書く

他人とよく口論する人は自分の意見をズバズバ口にしてしまうところがありますが、その逆も考えものです。たとえば「後輩のA君が作成した企画書は変換ミスが多すぎる」と内心では思っていても、そのことがキチンと注意できなければ、意思疎通が図れなくなったり、仕事に支障をきたす恐れがあります。

そこで、**自分の意見がしっかり口にできるようになるためには、あえて、前項で紹介した「刃物運型」の字を書くようにするのもよいでしょう。**

トレーニングに最適なのは**「松」「様」「校」**などの「きへん」や**「和」「私」「程」**などの「のぎへん」の漢字（前項参照）。ほかには、**「石」「寺」「馬」**の字でも同様の書き方をすることができます（右頁参照）。

他の画を切るか切らないかは、自分がどうなりたいかによって判断すると良いでしょう。**自分の意見をハッキリと言えるようになりたいなら切り、言いすぎてしまい支障をきたすようならば切らないようにするなど、うまく使い分けてみてください。**

## ★字の書き方をこう変えると、ズボラな性格が直る

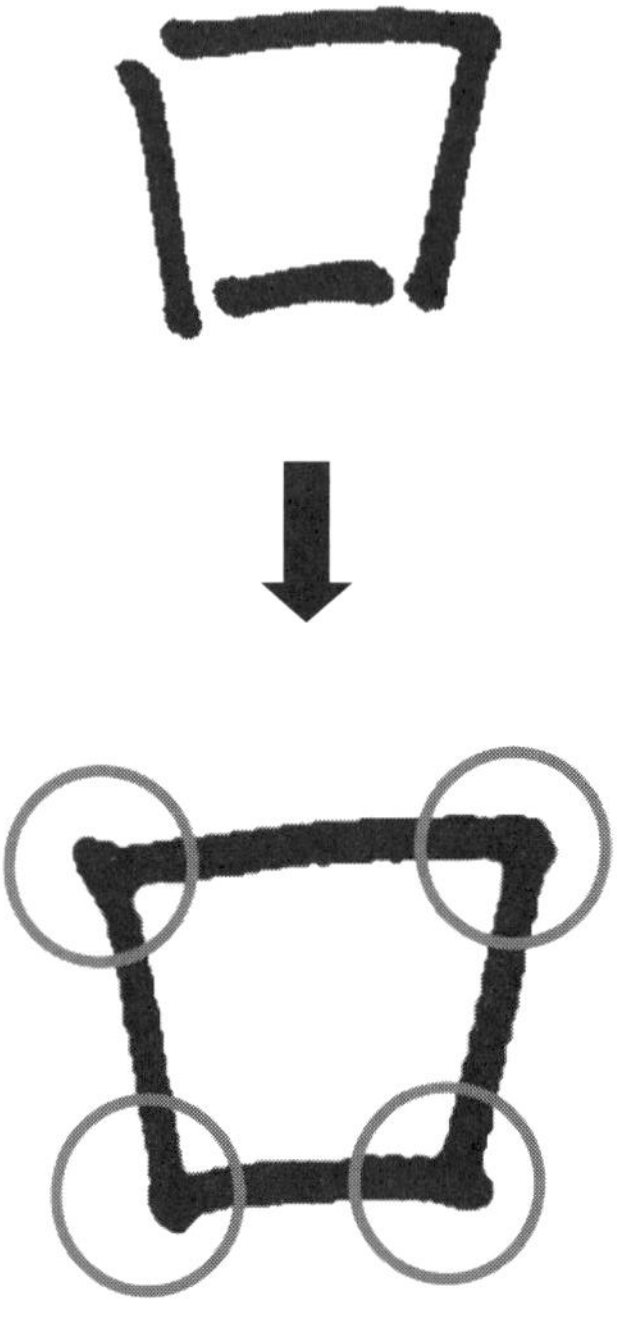

四隅を全部閉じて書く。

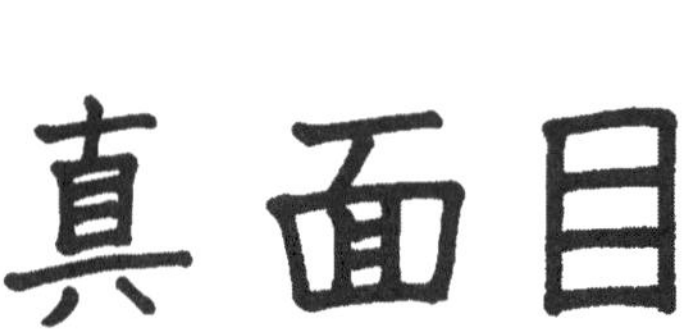


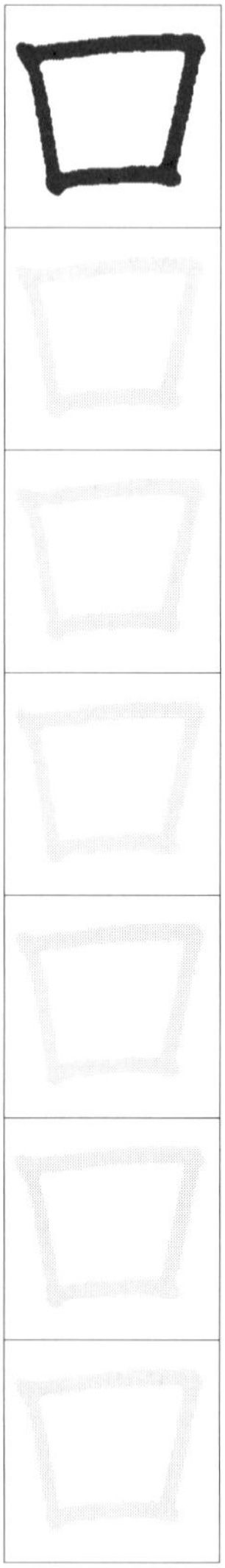

## ■四隅を全部閉じて「口」の字を書く

一九世紀の哲学者ジャン・ジャック・ルソーは、「気軽に約束しない人は、もっとも誠実に約束を守る」という言葉を残しました。この言葉、ちょっぴり耳が痛い人もいると思います。時間にルーズ……。「オレがコピー取っておくよ」と言って取り忘れる……。メールの返信を忘れる……。ほかにもまだまだありますが、これだとコミュニケーションに支障をきたしてしまいます。

そんな**ズボラな性格を直す格好のトレーニング文字が「口」**。「えっ、また口の字？」と思うかもしれませんが、ここはもう一度、小学一年生のときに先生から黒板に書いて教えてもらったとおりに書いてみませんか。

その場合、**四隅は全部閉じて、右角は角ばらせて書きましょう**。これは社会のルールに沿った行動、几帳面さ、マジメといったものを表すため、深層心理下の行動管理機能もその方向に向かって変化するようになるからです。

なお、これは「口」の字に限ったことではありません。「**国**」「**申**」「**車**」「**目**」「**面**」「**真**」などの字を書く場合も同様の点に気をつけるようにしてください。

★相手の筆跡を知れば、相手の性格・個性がわかり、接し方も見えてくる

上への突き出しを短めに書く。
上への突き出しを長めに書く。

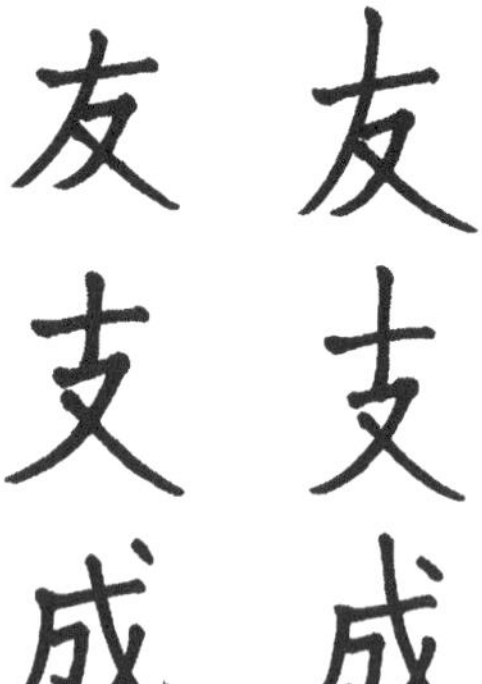

## ■人づきあいの「悩み」は「楽しみ」に変えられる

この章ではコミュニケーション能力をアップさせるための筆跡改善の方法をお伝えしましたが、メリットはほかにもあります。

それは筆跡の知識を深めていけば、相手の筆跡を見るだけで、その人の性格や個性といったものがわかるようになり、接し方も変えられるようになることです。

たとえば、**二画目の縦画が一画目の横画を大きく突き抜ける「木」の字を書く人がいたとしたら、他人よりも抜きんでたい気持ちが人一倍強い**ので、同僚や後輩であっても、上から目線でモノを言わないほうがいいということがわかります。

**縦画が横画をまったく突き抜けない「木」の字が「不」の字に見える書き方をする人がいたら、他人の意見を優先し、自分の意見を抑えるタイプです。**

もしも、それが部下であれば、飲みに誘うときなど「食べたいモノある？　遠慮しないで言ってよ」という言葉を投げかけてあげるのもいいでしょう。

そのコツさえマスターしてしまえば、あなたのコミュニケーション能力はますますアップ！　人づきあいの「悩み」は「楽しみ」に変わるようになるでしょう。

## こんな字を書く人はこんな人

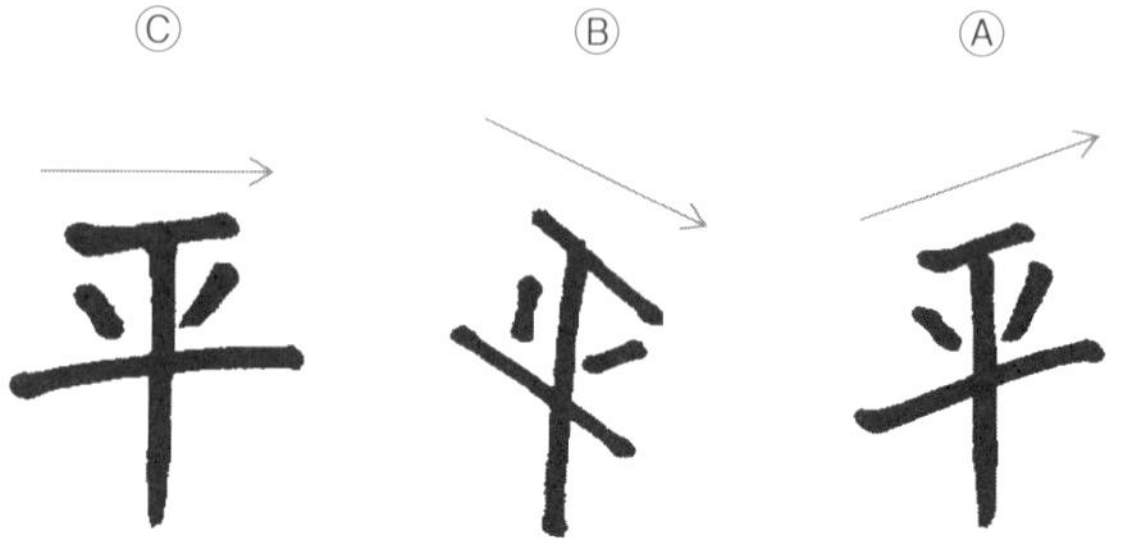


一般的に字は少し右上がりぎみに書くことが多く、**Ⓐのようにかなり右上がりに書くのは右上がり型といい組織に従順な体制派タイプです。**その**逆にⒷの右下がり型は、**あまのじゃくの批判家。皆が右と言えば一人だけ左と主張し、上司に反抗するタイプに多い書き方です。職場にいるとちょっと厄介なので、慎重にしたほうがいいかも。

また、**Ⓒの水平型といって右にも左にも傾かない書き方をする人もいます。これは無関心でクールなノンポリ。**仕事への意欲はありませんが、言われたことはやるので、適したポジションにつければ一員になってくれるでしょう。

# 第6章

## 字の書き方をこう変えると、頭がみるみるみる冴える

## 筆跡トレーニングに優る脳トレはない！

「情報収集能力を高めたい」「企画力・発想力を高めたい」「記憶力をアップさせたい」等々。こうしたニーズに応えようと、これまで仕事のスキルを上げるノウハウを説いた本がたくさん出版されてきました。

どの本にも素晴らしいことが書かれていて、この点に関しては私もまったく異論はありません。むしろ「なるほど」と納得させられることばかりです。

でも、こうした本を読んでも「ビフォーもアフターもあまり変わらない」と嘆く人が多いのが現状です。

セミナーもしかり。いろいろなセミナーを受講したにもかかわらず、「あまり変わらないような気がする」という声を多く耳にします。

では、なぜ〝変わらない〟のか？　**それは脳のシステム、言い換えると「感応力」が変わっていないからです。**

情報収集能力を例に出すと、それを高めることを願っても、肝心の場面に遭遇したとき、「情報を収集しよう」というスイッチがＯＮに切り替わらないのです。それが異業種交流会の場であれば、相手の話に聞き耳を立てるのを忘れ、自己ＰＲに躍起になってしまうわけです。

しかし、**筆跡トレーニングを行えば**、第一章でもお伝えしたように**感応力が磨かれ、深層心理下の行動管理機能も変化するようになります**。したがって、**異業種交流会に参加したときも、「情報を収集する格好のチャンス」という意識が働き、自然体で聞き耳を立てることができるようになります。まさしくスイッチＯＮ**。

その意味で、私は**筆跡トレーニングに優る脳トレはない**と考えています。

だとしたら、今からでも遅くはありません。頭が冴えに冴え、仕事ができる人に変身を遂げるために、今までにない脳トレを始めてみませんか。

この章では、そのためのポイントをお伝えしていきましょう。

## ★字の書き方をこう変えると、情報収集能力が高まる

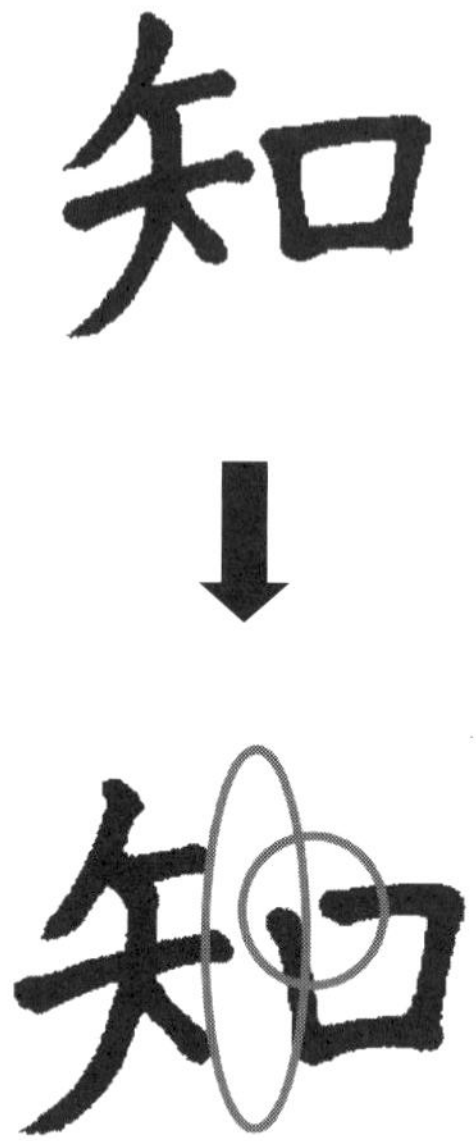

へんとつくりの間を開けて書く。
左上を開けて書く。

## ■偏と旁のある字は間隔を開け、「口」「日」「田」などの字は左上を開ける

企画の立案、プレゼンの作成、商談時の話題など、ビジネスシーンにおいて情報を収集しておかないと、何かと不都合という場面は多いもの。情報収集能力があるかないかは、仕事の出来不出来につながるスキルといってもいいでしょう。

これをアップさせるための筆跡改善ポイントはふたつ。

ひとつは、**偏と旁のある字はその間隔を適度に開けること**。

もうひとつは、**「口」「日」「田」などを含んだ字を書くとき、左上の角をあけること**。

偏と旁の間隔を開けることによって、**外部のモノを吸収し、取り入れようとする視野が広がるようになります。「口」の字の左上を開けることによって、多くの情報を得る機会に恵まれるようになります**。

私がとくにオススメするトレーニング文字が知識の「知」。この字は偏と旁もあり、**「口」もありますよね。この「知」を暇さえあれば、書いてみてください**。

ビフォーとアフターの違いを実感するはずです。

★字の書き方をこう変えると、頭が切れる

横線を左方向に長めに書く。
間隔を均等に書く。

## ■横画のある字は左側を長めにし、縦画や横画のある字は間隔を均等にする

**「一を聞いて十を知る」**という格言があります。物事の一部を聞いただけで全体を理解するという意味で、とても賢く、頭が切れることのたとえを表しています。

「自分には絶対ムリ……」なんて思っちゃダメ。そうなるためのベストな筆跡トレーニング法があります。

ひとつは、**クロスする字を書くとき、横画の左側を長めにすること。**

もうひとつは、**縦画や横画のある字を書くとき、縦横の間隔をすべて均等にすること。**この二点を肝に銘じれば、まさしく**「一を聞いて十を知る」ことが可能になり、**なおかつ**物事を論理的に考え、それを仕事で生かすことができるようになります。**

お客様との何気ない会話の中からニーズをくみ取り、瞬時に最適な商品（サービス）が提供できたり、職場の仲間のひと言をヒントにクライアントをうならせるプレゼンが行える……なんていうことも十分にありうるのです。

**トレーニングに最適なのは「都」の字。**宛名などに「東京都」と書くときなどは絶好の脳トレになります。

## ★字の書き方をこう変えると、企画力・発想力が高まる

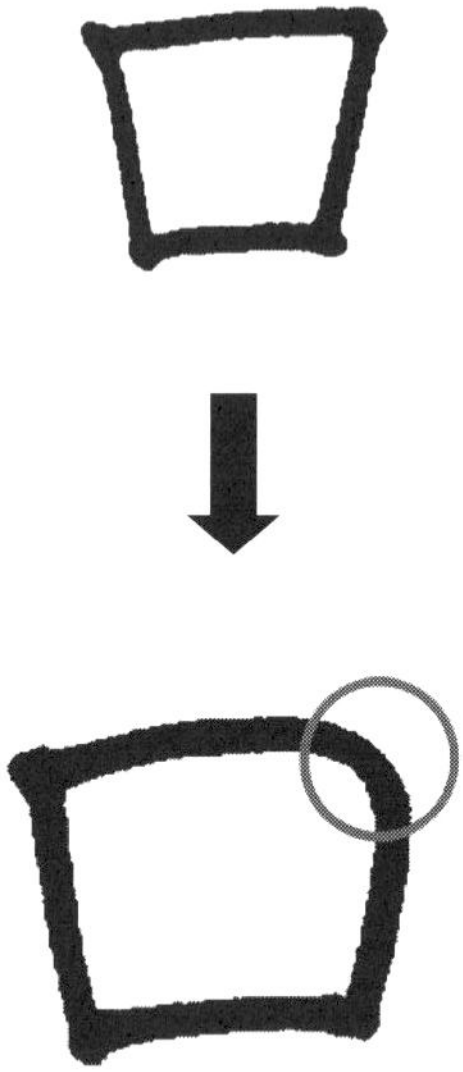

角を丸めに書く。

力方今

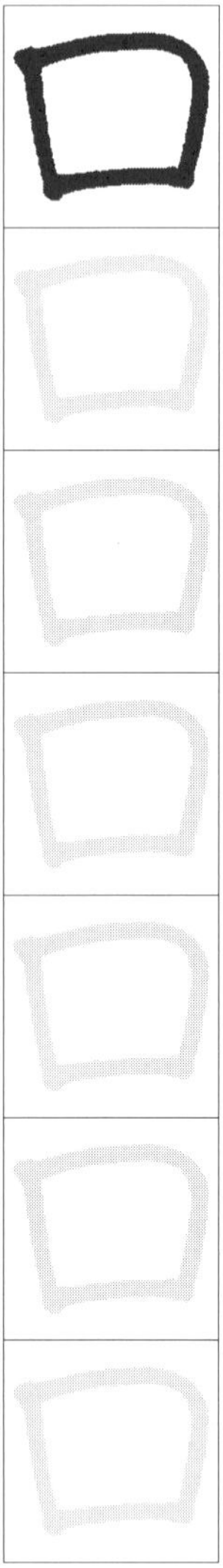

## ■「力」の字の二画目、「口」の字の二画目は折れ曲がる部分を少しだけ丸くする

第二章で、他人に優しくなれるためには、「口」や「くにがまえ」のような四角形の字は、**二画目の折れ曲がる部分（角）を少しだけ丸く書くようにするといい**と述べました。

この筆跡トレーニングはほかにもメリットがあります。**それは柔軟で想像力が豊かになることで、斬新なアイディアがどんどん湧いてくるようになることです。**

したがって、**販促プランの企画を立案**したり、**クリエイティブな仕事**をしている人は、是非、この書き方を習慣にすることをお勧めします。ただ、これも繰り返しになりますが、**折れ曲がる部分は程よく少しだけ丸くすること。度を越すと、人によってはルーズでいい加減になってしまう**ので注意が必要です。

ちなみに、トレーニングの対象となる字は「口」や「くにがまえ」のような四角形の字だけとは限りません。**「力」「功」「方」「日」「目」「中」「今」**といった字を書くときも、同様の点に注意を払うようにしてください。

★字の書き方をこう変えると、先見の明が養える

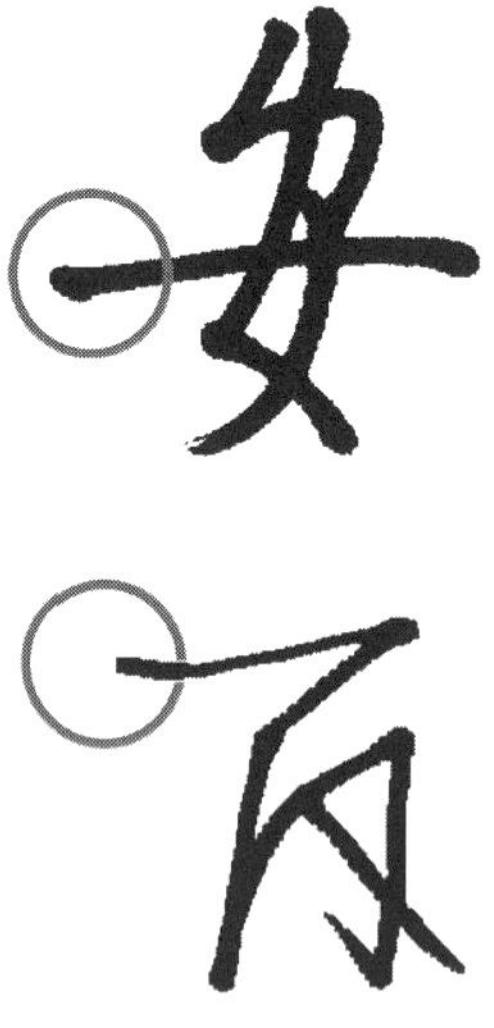

## ■横画のある字は、左側を右側よりも一・五〜二倍、長めにする

インスタントラーメンやカップヌードルの生みの親・安藤百福氏の筆跡を診ると、「安」の字の六画目の横画と「百」の字の一画目の横画が長く伸びているのが特徴で、とくに左側が長くなっているのは、前述した頭が切れること以外に、先見の明があることも表しています。

実際、安藤さんは「温かい食事を短時間で簡単に用意することができたら、世の中が便利になるに違いない」と考え、当時、誰も思いつかないようなお湯を注いで三分でできあがるカップヌードルを試行錯誤しながら開発したのです。

トレーニングの対象となるのは、**「きへん」や「のぎへん」の字をはじめ、「長」「幸」「走」などの字。**

「のぎへん」といえば、これから「令和」と書く機会が増えるので、**「和」が絶好の脳トレ文字**になってくれます（右ページトレーニングに入っています）。

**その比率は二章でも述べたように縦画の交差点から右側が一だとしたら、左側は一・五〜二くらいを目安にするといいでしょう。**

★字の書き方をこう変えると、記憶力が高まる

下側の角をしっかり閉じる。

覚勉温

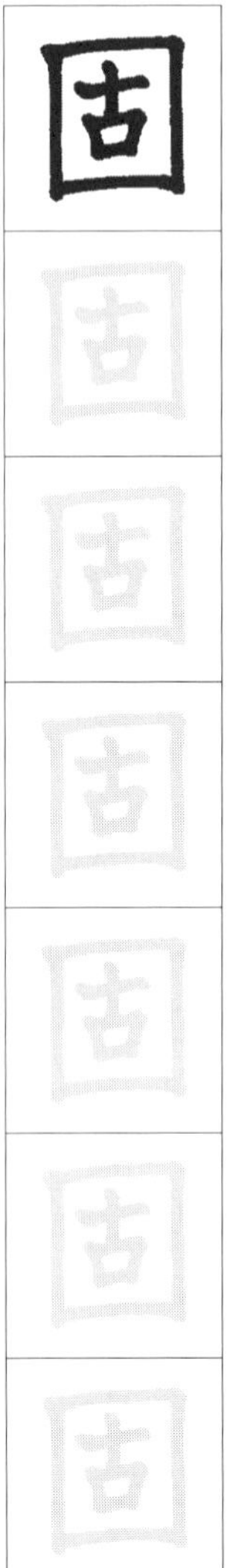

## ■「口」、「くちへん」、「くにがまえ」などの四角形の字は左下と右下の角を閉じる

「国家試験に絶対に合格したい」「英会話をマスターしたい」という人にとって欠かせないのが**記憶力のアップ**。「記憶力こそが最強のビジネススキルである」と断言する自己啓発作家もいるくらいです。

そこで**記憶力を高めたければ、「口」をはじめ、「くにがまえ」など四角形の字を書くときは、左下と右下の角を必ず閉じるようにしましょう。これは入ってきたことを漏らさないで貯め込む、すなわち〝覚えたことを忘れない〟**ということを表しています。

では、**左上の角は開けたほうがいいのか、閉じたほうがいいのか。これは、そのときの自分の状況によって違ってきます。**

たとえば、「いろいろな英会話のフレーズをマスターして、場面に応じて使い分けたい」というのであれば、開けたほうがいいでしょう。逆に、「遊びに行きたいけど、試験に合格するまではとにかく勉強に専念したい」という固い意志を持ちたい場合は、閉じたほうがいいでしょう。

★字の書き方をこう変えると、管理能力が高まる

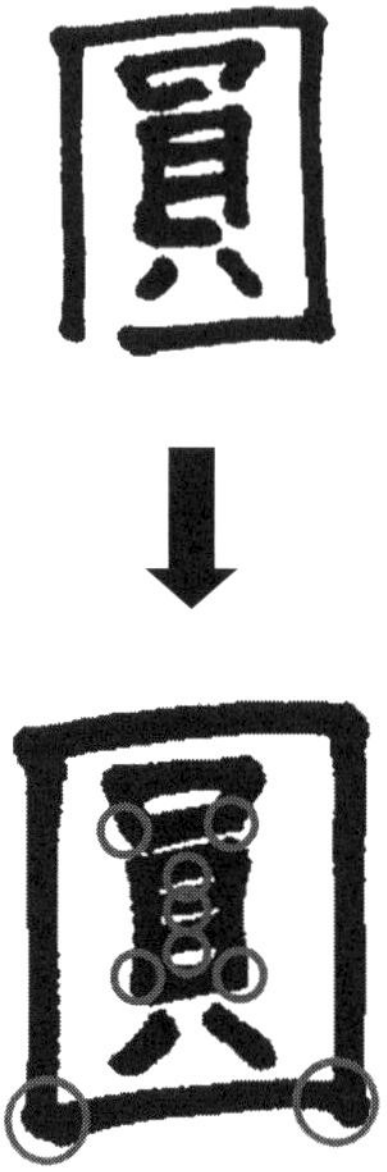

間隔を均等に書く。
下側の角をしっかり閉じる。

## ■真四角と縦画や横画の間隔を均等に書くトレーニングは「圓」の字が最適

「名刺、どこにしまったっけなあ……」「あのデータはどのファイルに入れたっけなあ……」といったことで、時間をムダにしている人も多いと思います。これは**管理能力がない証拠**。仕事にも何かと支障をきたすことになります。

あなたがそうだとしたら、これからは**「口」などの四角形で囲まれた字は左下と右下をきちんと閉じて書きましょう。また、縦画や横画がある字を書くときは、縦横の間隔を均等にすることも忘れずに。**

この二つの書き方もこれまで何度もお伝えしてきましたが、並行してトレーニングを行うと、**几帳面になり、頭の中が整理され、論理的に考えるクセがつき、それが行動（仕事ぶり）にも表れること間違いなしです。**

オススメしたいトレーニング文字は「圓」。円の旧字で、書くのがこれまた大変。四角形の左下と右下を閉じ、縦横の間隔を均等にするにも神経を使います。

でも、いったんこの書き方をマスターしてしまえば、**感応力が磨かれ、管理能力がグンとアップすること間違いなしです。**

★字の書き方をこう変えると、ミスが減る

下側の角をしっかり閉じる。

画具買

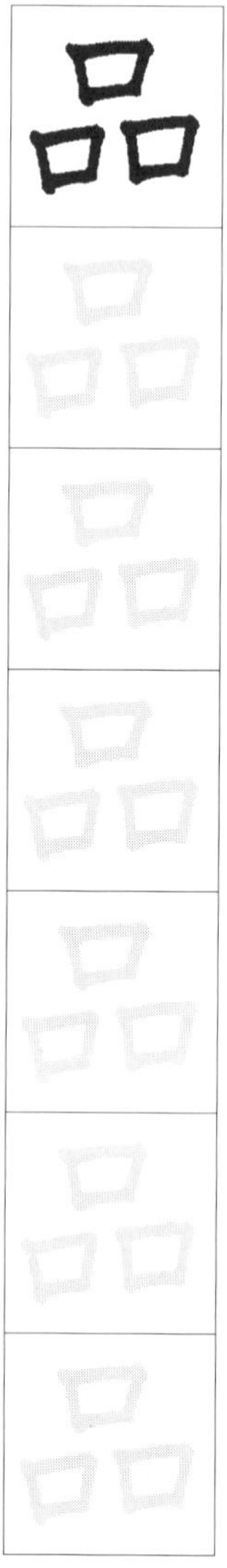

## ■「くちへん」「くにがまえ」「にちへん」などの字は、左下と右下の角を閉じる

健康器具メーカーで働く二〇代の男性の話です。男性は企画書等を作成すると変換ミスが多く、あるときも「ダイエット成功」を「ダイエット性交」と打ち間違え、会議の席でみんなからヒンシュクを買ってしまったことがありました。

「自分では気をつけているつもりなんですが……」と言う男性に対して、私は暇を見ては「品」の字を何度も書くようにアドバイスしました。すると、それからはウソのように変換ミスが激減したというのです。

このケースにもあるように、**ミスが多い人は「くちへん」「くにがまえ」「にちへん」などの字を書くときは、左下の角も右下の角もキチンと閉じることが大切になってきます。左下の角は仕事などでは途中経過を表し、右下の角はクロージングを表すため、この二つをキチンと閉じれば、仕事は完璧**です。

「口」「国」「具」「日」「目」「画」「県」など、トレーニング文字はたくさんありますが、私が推奨するのは**「品」**の字。「口」が三つもあって大変ですよね。でも、だからこそ、これまた最高の脳トレになるのです。

★字の書き方をこう変えると、その道のエキスパートになれる

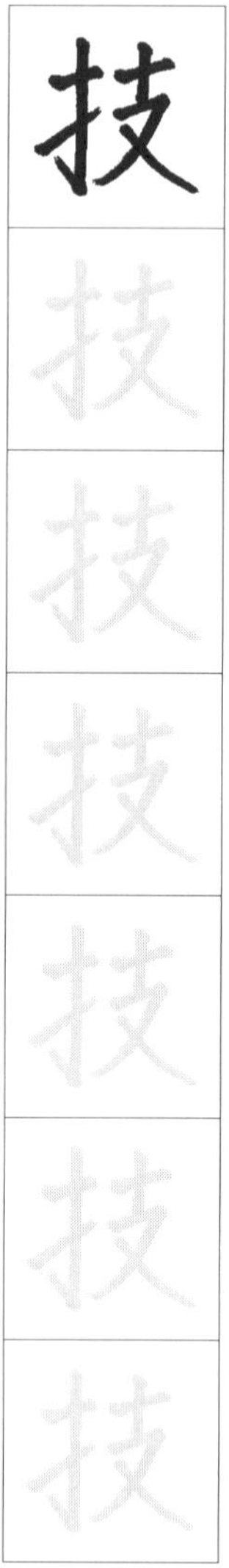

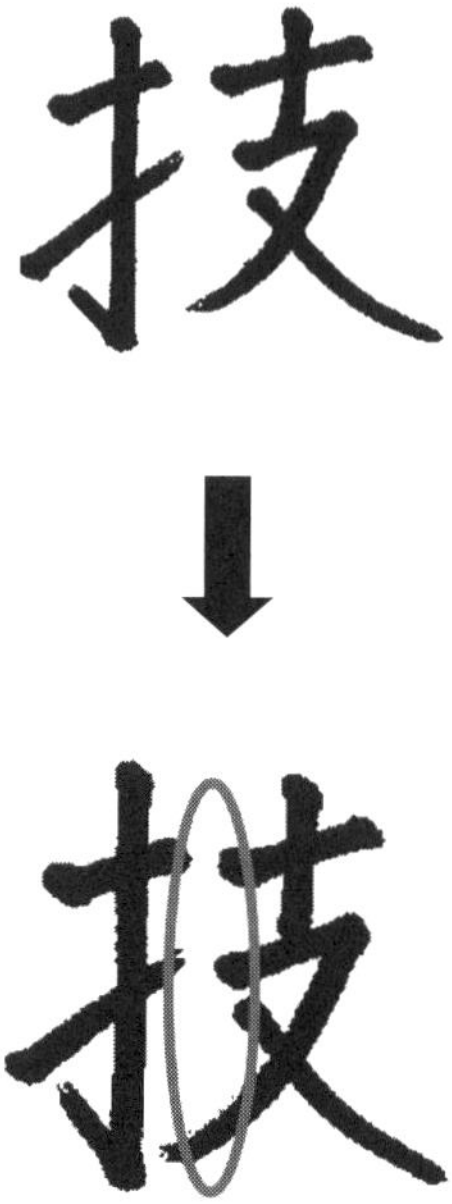

へんとつくりの間を狭く書く。

狭 殊 研

## ■偏と旁のある字を書くとき、あえてその間隔を重ならない程度に狭める

偏と旁のある字を書くときは、その間隔を開けることの大切さをたびたびお伝えしてきました。しかし、例外もあって**偏と旁の間隔を狭く書いたほうがいい**ケースもあります。それは**特定の分野を専門とする人や特殊技能を持つ職人、技術職や研究者などの職種に就いている人たちがスペシャリストとして磨きをかけたいとき**です。

偏と旁の間が狭い書き方は、自分にも他人にも厳しく、信念を貫き通し、専門分野を極める、**自分のスタイルを崩さないという心理の表れ**。スペシャリストは、外部からの情報に惑わされたり、他人の意見に振り回されると、ペースを乱され仕事に支障をきたすことになります。偏と旁の間隔を狭める書き方は、そうしたものをシャットアウトしてくれる効果があるのです。

しかし、この書き方に固執すると、包容力に欠けたり、他人の声に耳を貸せなくなる可能性もありますので、自分がどうなりたいかで書き方を判断するといいでしょう。

ちなみに、偏と旁が狭くても活躍している人は、偏と旁の間を広く開けるとますます活躍できるようになります。

# エピローグ

あなたは封筒の宛名、いつもどうしていますか？　やっぱり、宛名シールを使っていますか？　一般にビジネスで書類などを送る場合、パソコンで作成した宛名シールを貼ったほうが、見栄えもいいし、きっちりした印象を与えることができますよね。

では、ハガキ（年賀状）の宛名はどうでしょう？　やっぱり、パソコンで作成したデータをプリンターで印刷しちゃいますか？　そのほうが早いし効率的ですよね。

でも、これからは封筒やハガキ（年賀状）の宛名はできるだけ手書きにしてみてはいかがでしょう。

そう、宛名を手書きで書くというのは、最高の筆跡トレーニングになるからです。

なかでも、とくに意識を払ってほしい字があります。

それは「様」の字。

なぜ、「様」の字に意識を払ってほしいのでしょうか。それは「様」の字には、仕事ができる人になるための筆跡改善ポイントが凝縮されているからです。

まず、次頁図の①をご覧ください。本文で述べたように「リーダーとしてみんなを統率していきたい」という人は、縦画が横画を大きく突き抜けた書き方を心がけ、「みんなとうまくやっていくために協調性を高めたい」という人は、縦画が横画を大きく突き抜けない書き方を心がけてほしいのです。

図の②も本文に出てきましたよね。一画目の横画の左側を長めにする。こうすることで頭脳明晰、頭の回転が速くなり、問題が生じても迅速に解決できるようになります。また、先見の明も高まるようになることもすでにお話ししたとおりです。

図の③はどうでしょう。これも本文で述べたとおりですが、三画目の左ハライを長めに伸ばすことによって、華が出てきます。華があれば、存在感や自己表現力が増すため、商談（セールス）にも何かと有利になります。重要な会議の席で発言したり、セミナーなどで講師を務める場合も、注目を集めることができ、評価が上がります。

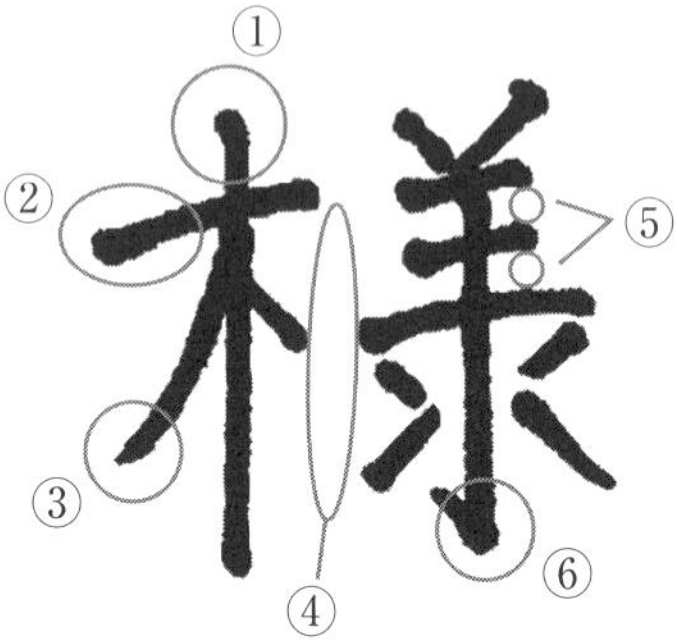


この三つだけでもお得感がありますが、これで満足してはダメ。まだ半分です。

今度は図の④に注目してください。偏と旁の間が開いていますよね。この筆跡にはどういう効果があるか覚えていますか？

そう、これには心がオープンになり包容力が育まれる、人・モノ・情報・お金などの循環が良くなる、社交性が増し人脈が増えるなど、たくさんのメリットがあります。

図の⑤はどうでしょう。七画目、八画目、九画目の横画の間隔が均等になっています。

これにもたくさんのメリットがあり、器用で論理的に物事が考えられるようになるほか、メンタルが安定することはすでに述べたとおりです。仕事がうまくいかなかったりすると、心が折れたり気持ちが落ち込んだりすることがありますが、それを最小限に抑えることができるというわけです。

そして図の⑥。旁の縦画（十画目）に注目してください。はっきりと力強くハネていますよね。こう書くことによって、粘り強くなり、責任感も強くなります。困難に見舞われても、最後までやり抜くことで、成果を出すことができるようになるのです。

どうです。こうして見ると、「様」の字は本当にお得感満載ですよね。

プロローグで、保険会社で働いていたころ、私はお客様になるべく多くの手紙を出すように心がけ、とくに「様」の字を意識して書くようにしたと述べましたが、この一文字の筆跡トレーニングを行うだけでも、ものすごい効果が期待できるのです。

だとしたら、善は急げ。早速、誰かに向けて「様」の字を書いてみませんか。

もちろん、「様」の字以外も大切です。この本ではたくさんの筆跡改善方法を紹介させていただきましたが、今のあなたに必要なモノがきっとあるはず。それに気づいたら、あとはトレーニングあるのみです。

【ビフォー】

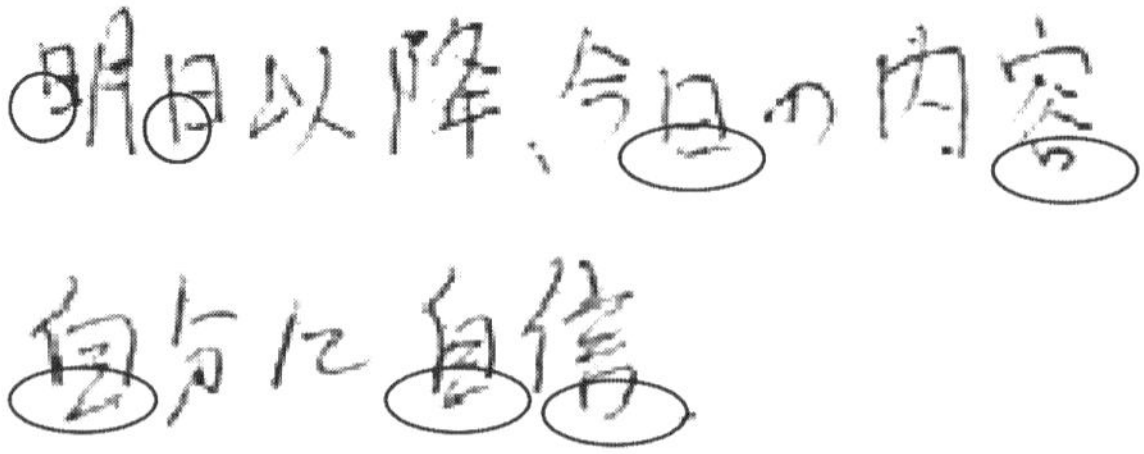


【アフター】

Aさんの筆跡

「様」の字は〈付録ー2〉で充分に練習していただくことができます。

最後に紹介したいのが、職業訓練校の3人の生徒さんが書いた筆跡トレーニングのビフォーアフターです。

どこに問題があるか、ここまでお読みくださったあなたなら、なんとなくおわかりですよね。

まず上段のAさんの字。「ビフォー」の「口」の左下や右下のすみ（角）がすべて開いています。長年勤めた会社では、接客態度が悪く、注意され続けたにもかかわらず、なかなか改善できず退社。

【ビフォー】

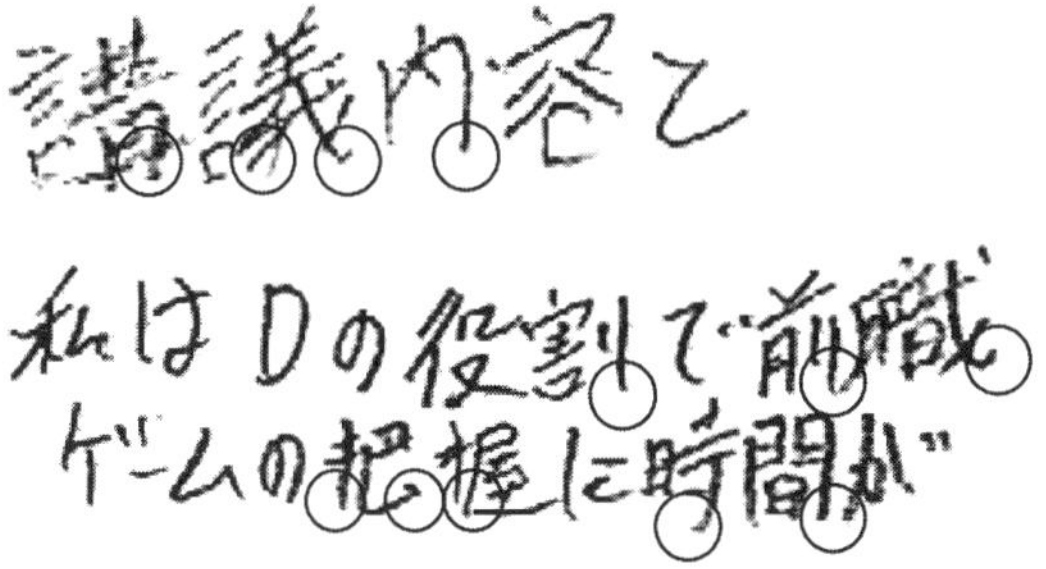
講議内容と
私はDの役割で前職
ゲームの把握に時間が

【アフター】

先週に引き続き

Bさんの筆跡

職業訓練校に通い始めた当初も、笑顔が少なく、とにかく物覚えが悪いところがありました。

しかし、「口のような四角形の字は左下右下をしっかりと閉じて書くようにしてくださいね」とアドバイスして、筆跡トレーニングを行うようになってからは、だんだんと覚えが良くなり、笑顔も増え、毎日が楽しいとまで言ってくれるようになりました。

続いて上段のBさん。ビフォーでは非常にハネが弱い書き方をしています。今まで、毎日を何となく過ごし、人と接するのも苦手で引きこもりの経験もあり、職業訓練校入校当初は立ち居振る舞いもいつもダラダラ。あまりやる気を感じることはありませんでした。

そこで、「ハネのある字は、しっかりとはねて書いてみてくださいね」とアドバイスしたところ、Bさんはその日から漢字練習帳を購入し、さっそく一生けんめい筆跡トレーニングにとりかかりました。

すると、やる気のスイッチがオンとなり、毎日、しっかりと授業内容を復習。わからないことはわかるまで勉強するようになり、これまでの人生の中で、今が一番、充実していると言ってくれるようになりました。

しっかりとはねているアフターの字を見ればおわかりになると思います。

最後に次頁のCさん。ビフォーではハライを短くとめているのがわかります。授業中に発言することはほとんどなく、自分が思っていること、考えていることを、口にしたり、文章にすることが苦手。

【ビフォー】

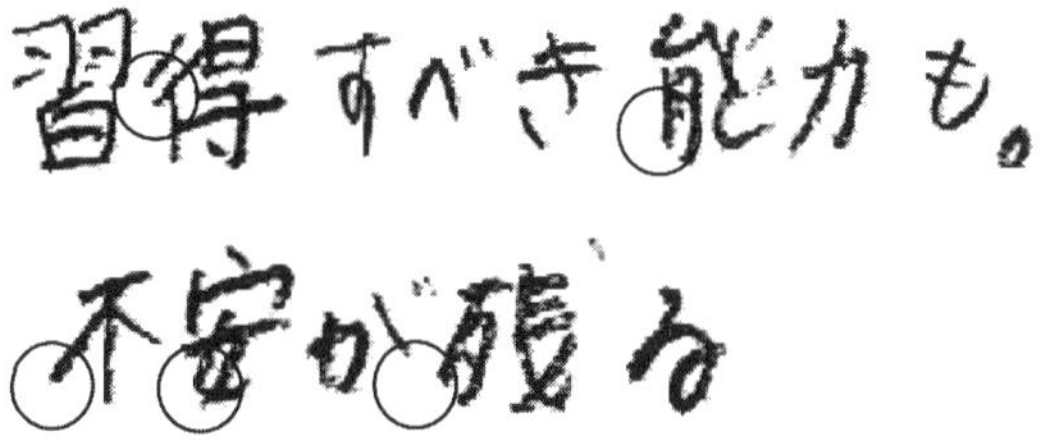


【アフター】

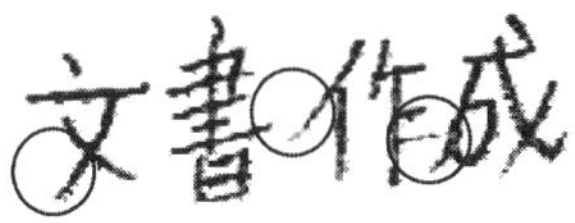


Cさんの筆跡

これでは履歴書や職務経歴書などの応募書類を書くことが難しいし、面接でもうまく自己アピールできないに決まっています。

そこで、「左払いを長めに書いてくださいね」とアドバイスしたところ、以前に比べると笑顔が増え、授業中の発言も増え、毎日書いている訓練日報にも自分が感じていることをしっかりと書けるようになりました。

三人のビフォーアフターはどうですか？　だいぶ変わりましたよね。

他にもたくさんの職業訓練生が字の書

き方を変え、前向きになり、就職につなげてきました。

筆跡トレーニングをまじめに行った訓練生は、とにかく再就職を決めるのが早い。世の中、絶対はないと言いますが、このことは絶対と断言します。


同じことはあなたにも言えます。仕事のことや人間関係などで落ち込んだり、嘆いたりする必要なんかありません。

心を凹ませている暇があったら、字の書き方を変えることに意識を向けませんか。そして「これからはこの字をこう書こう」と決め、一日数分でもかまいませんので、楽しみながら、毎日、筆跡トレーニングを行っていきませんか。

早ければ数日で効果が現れ、一週間、一カ月、二カ月と続けていけば、周囲の人たちのあなたに対する見方・印象は必ず変わるようになります。

それはとりもなおさず、あなたの仕事ぶりが変わり、仕事ができる人に変身を遂げたことを意味するからです。

最後になりますが、私の名前で本を出すことを強く勧めてくださった群馬県倫理法人会の鏑木幸弘さん、並びにこの本のプロデュースを一手に引き受けてくださったおふぃすラポートの倉林秀光さん・桂子さんご夫妻、そして出版の労をとってくださったＫＫロングセラーズの富田志乃さんに心より感謝申し上げる次第です。

またなにより、今、この本を手に取ってくださっているあなたとのご縁にも感謝。

最後までお読みいただきありがとうございました。

令和元年七月吉日

小山田香代

（付）

# 筆跡トレーニング

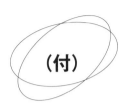

## 「筆跡トレーニング」を行う前に注意しておきたいこと

今まで、個々の漢字についてポイントを押さえて練習していただきました。
ここでは元号、日付と氏名をお手本に従って練習してみてください。
そして最後に、ぜひじっくりと書いていただきたい字を10個厳選いたしました。

その前に、みなさんが疑問に思うこと、注意しておきたいことを、いくつかお話ししておきましょう。

### ■筆記具は何を使えばいいの？

筆記具はとくにこだわる必要はありません。ご自身の使い勝手のいいものがいちばんです。

本格的にトレーニングを行いたい人は、メーカーは問いませんので、漢字練習帳（ノート）を用意するといいでしょう。ペンに関しては、「ジェルボールペン　サラサ一・○（ゼブラ）」を私はよく使っていて、この太さが書きやすいと自分では思っています。

## ■トレーニングはどれくらいの時間、行えばいいの？

筆跡トレーニングは自分のペースで、負担にならない程度に、楽しみながら、毎日コツコツと続けていくことに意義があります。

一日数分だけでもかまいませんし、何かの申込用紙や申請書に自分の名前・住所を記入したり、手紙やハガキを書く機会があれば、それだけでトレーニングになります。職場の仲間に伝言するときなども、メモ用紙に手書きで要件を記せば、それ自体がトレーニングになります。

## ■トレーニングはどれくらいの期間、行えばいいの？

本文でもお伝えしたように、「こうなりたい」という思いが深層心理にまで浸透していき、深層心理下の行動管理機能が変わるまで行ってほしいので、半年以上のトレーニングをオススメします。もっとも、個人差もあり、一晩や数日、一週間といった短期間で効果が現れる方もたくさんいらっしゃいます。そういう人たちに共通するのは、「こうなりたい」という意識を強く持ちながら、トレーニングを行っている点です。

## ■トレーニングはいつ行えばいいの？

時間帯にもとくにこだわる必要はありません。自分の都合のいい時間に、生活リズムに合わせて、トレーニングを行ってください。お昼休みや、電車の中、病院の待ち時間などのちょっとした空き時間を利用するのもいいでしょう。

参考までに、集中力を高めたければ、仕事や勉強の前、思考を整理したければ、夜、就寝前がおススメです。

## ■字の書き順も効果に関係するのか？

字の書き順は守るに越したことはありませんが、そこに意識が向いてしまうと、「なりたい自分」に意識が集中しなくなるので、書き順のことは二の次でもかまいません。ただし、書き順にしたがったほうが、漢字も書きやすく、バランスのいい美文字が書けるので、トレーニングで筆跡改善のポイントが押さえられるようになったら、書き順を守ることをオススメします。

## ■左利きでも大丈夫？　つなげて書くクセは直したほうがいい？

筆跡診断的には、右利きだから効果がある、左利きだから効果がないなどということはまったくありません。ですから、左利きの人でも安心してトレーニングを行ってください。

つなげて書くクセも、筆跡診断的にはその人の性格や行動傾向（パターン）を表しています。つなげて書く人は義理堅く、人と人とのつながりを大切にする人情派。逆に一画一画が独立し、活字のような字を書く人はクール派。

どちらがいい・悪いはいちがいに言えませんので、自分はどちらのタイプになりたいかを考え、書き方を選択するといいでしょう。

以上が筆跡トレーニングを行うにあたっての注意点です。

ともかく、手書きの機会を率先して作り出し、それぞれの書き方の特徴を意識して、楽しみながら、リラックスした状態で、ゆっくり丁寧に書く習慣をつけてほしいのです。

ところで、あなたは「瞑想」という言葉から何を連想しますか？

この瞑想には静瞑想と動瞑想の二つがあって、座禅やヨガの修行のような瞑想は静瞑想と呼ばれるもの。これに対し、動瞑想とはアスリートが競技中にものすごく集中する〝一連の行動〟を指し、筆跡トレーニングも実は後者に当たります。

私たちが字を書くと、指先の繊細な動きによって、脳の処理能力をつかさどる脳幹のＲＡＳが刺激されます。それによって、高い集中力を維持することができるようになるからです。

では、筆跡トレーニングの実践に移りましょう。

## ■筆跡トレーニング

### (1)元号・日付トレーニング

元号や日付は、なにかとよく書く機会が多いものなので、まずはお手本にしたがって、以下の字からトレーニングを行いましょう。

昭和　平成　令和　年　月　日

| 昭 | 和 | 平 | 成 | 令 | 和 | 年 | 月 | 日 |
|---|---|---|---|---|---|---|---|---|

### (2)氏名トレーニング

いろいろな字を書く中で、もっとも多いのはやはり自分の氏名でしょう。

氏名は「使命が宿る」とも言われています。気持ちを込めて苗字や名前を書くことで、自分の苗字・名前が好きになり、ひいては自分が好きになり、幸せな人生が歩めるようになるのです。

この本では、名前の中でも比較的使われることの多い（苗字の中で含有率の高い）漢字を紹介します。自分の苗字や名前に入っていない漢字であっても、筆跡トレーニングになるので、ぜひ、練習を続けてください。名前の敬称によく使う「様」も同様です。

大　木　子　川　井　谷　中　田　青　加　阿　野　村　岡　様

**口**：口の字源は甲骨文字のサイ。

サイとは、神への祈りである祝詞（のりと）を入れる器の形。

叶えたい事柄を意識しながら、「口」を書くと良い。おススメは、口を 100 回書くトレーニング。セミナーや講演会、口コミで、この口（くち）トレーニングを知った多くの人達が、売上アップ、結婚、転職、夢を叶える、などなど、願望を叶えている。

・人、モノ、情報などを受け入れる。
・うっかりミスやツメの甘さの軽減

・金運アップ
・蓄積を意味する。

〈付-2〉

| | | | | | |
|---|---|---|---|---|---|
| 様 | 様 | 様 | 様 | 様 | 様 |
| 様 | 様 | 様 | 様 | 様 | 様 |
| 様 | 様 | 様 | 様 | 様 | 様 |
| 様 | 様 | 様 | 様 | 様 | 様 |
| 様 | 様 | 様 | 様 | 様 | 様 |
| 様 | 様 | 様 | 様 | 様 | 様 |
| 様 | 様 | 様 | 様 | 様 | 様 |
| 様 | 様 | 様 | 様 | 様 | 様 |

・頭の回転が早くなり、問題解決力アップ。
・先見の明があり、オリジナルで活躍。
・華やかさ
・循環を意味する。
・粘り強さ、責任感

・協調性
・包容力、心の広さ。
・論理的思考、安定したメンタル

**命**：令と口の組み合わせ。令は、深い儀式用の帽子をかぶり、ひざまずいて神のお告げを受ける人の形。口は、神への祈りの文である祝詞を入れる器の形。神に祈り、神のお告げとして与えられるものを命といい、おおせ、いいつけの意味。

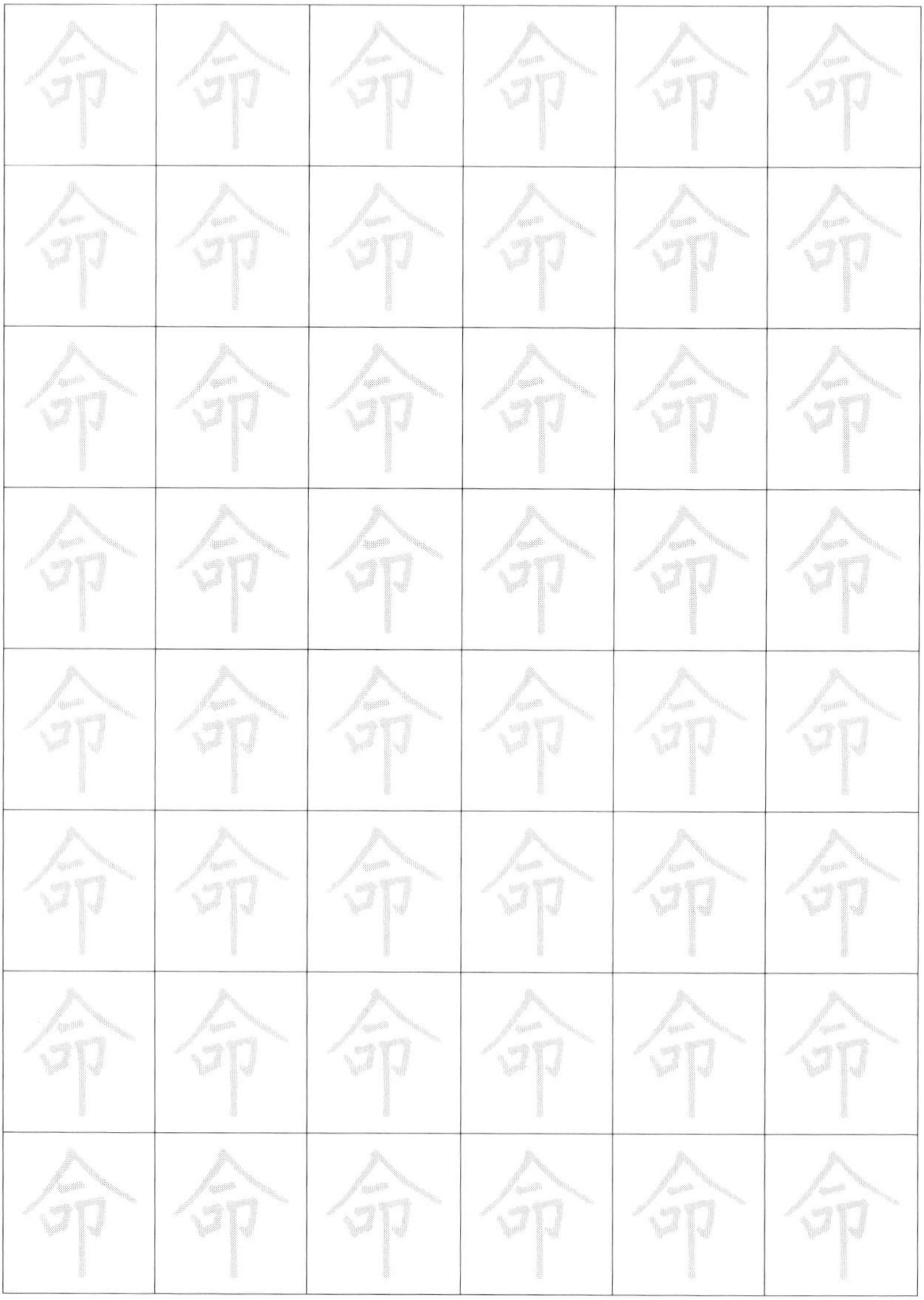

・自分らしく生き生きと
・金運アップ
・モチベーションアップ

・人、モノ、情報などを受け入れる。
・より良い結果を求める上昇志向

**富**：ウ冠＝屋根。口＋田の部分は、酒樽のようにふくらんだ形の器。
家の中が満たされている様子、富、豊かさ。

| | | | | | |
|---|---|---|---|---|---|
| 富 | 富 | 富 | 富 | 富 | 富 |
| 富 | 富 | 富 | 富 | 富 | 富 |
| 富 | 富 | 富 | 富 | 富 | 富 |
| 富 | 富 | 富 | 富 | 富 | 富 |
| 富 | 富 | 富 | 富 | 富 | 富 |
| 富 | 富 | 富 | 富 | 富 | 富 |
| 富 | 富 | 富 | 富 | 富 | 富 |
| 富 | 富 | 富 | 富 | 富 | 富 |

・人、モノ、情報などを受け入れる。
・うっかりミスやツメの甘さの軽減
・田の書き方：蓄積と循環を意味する。
・金運アップ
・口の書き方：蓄積を意味する。

**福**：示す偏＝祭壇。口＋田の部分は、酒樽のようにふくらんだ形の器。神前に酒樽を供えてまつり、幸いを求め、神の恵みが豊かになる、福が訪れる。

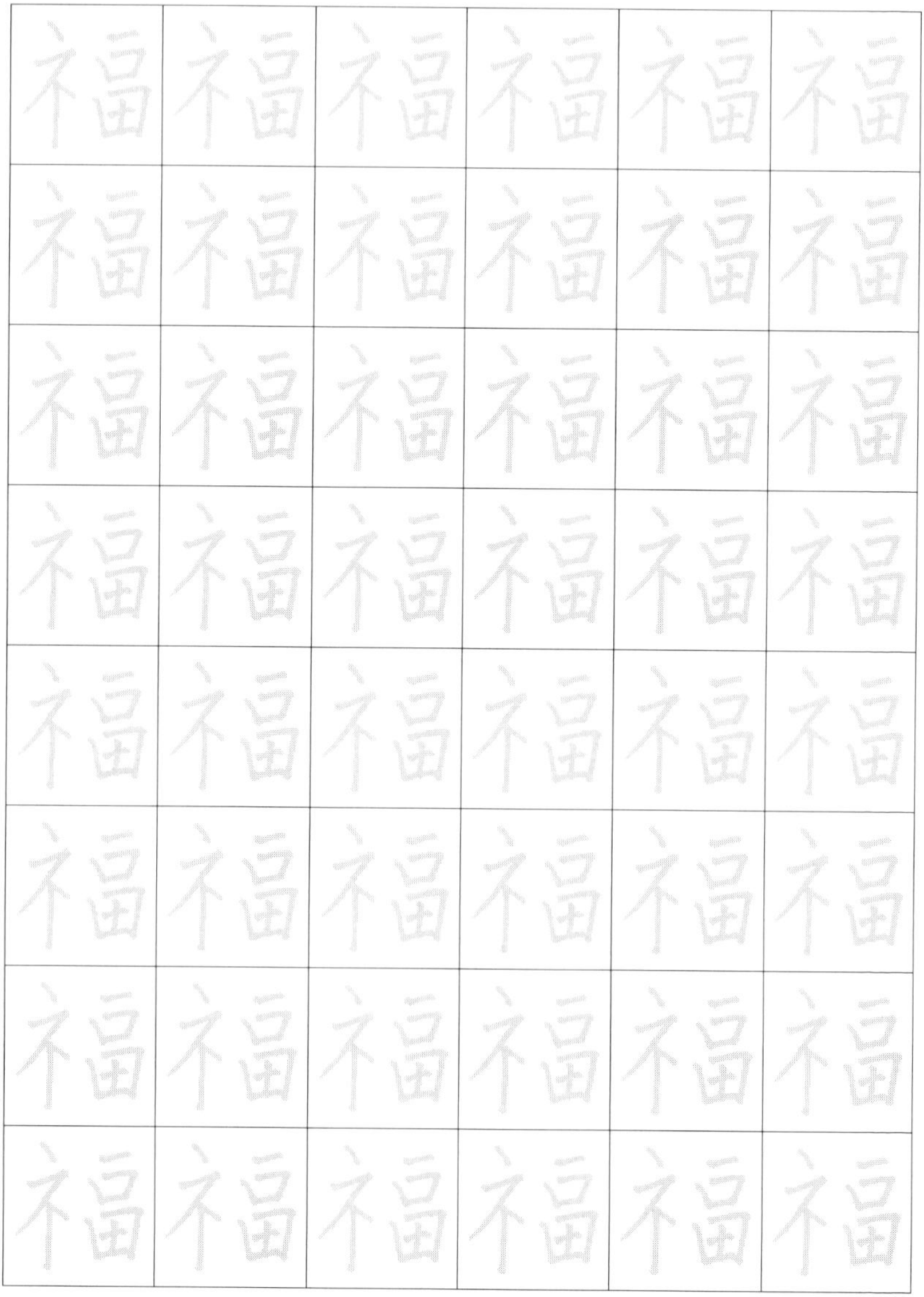

・華やかさ
・循環を意味する。
・金運アップ
・口の書き方：蓄積を意味する。

・包容力、心の広さ。
・人、モノ、情報などを受け入れる。
・うっかりミスやツメの甘さの軽減
・田の書き方：蓄積と循環を意味する。

**開**：閂（さん）廾（きょう）を組み合わせた形。「閂」の門構えは、門をあらわし、一は門の扉を閉めるための横木（かんぬき）の形。「廾」は、扉を押さえた両手の形。「開」は、両手でかんぬきを外し、扉を開ける様子を表わしている。両手でかんぬきを取り外し、扉を開き、自分の人生を切り拓いていくイメージ。

| | | | | | |
|---|---|---|---|---|---|
| 開 | 開 | 開 | 開 | 開 | 開 |
| 開 | 開 | 開 | 開 | 開 | 開 |
| 開 | 開 | 開 | 開 | 開 | 開 |
| 開 | 開 | 開 | 開 | 開 | 開 |
| 開 | 開 | 開 | 開 | 開 | 開 |
| 開 | 開 | 開 | 開 | 開 | 開 |
| 開 | 開 | 開 | 開 | 開 | 開 |
| 開 | 開 | 開 | 開 | 開 | 開 |

・繁栄思考、ポジティブ思考
・もんがまえの日の部分の書き方：蓄積と循環を意味する。

**美**：羊の角から後ろ足までの全体を上から見た形。大人の羊の美しさを美という。筆跡トレーニングで内面を磨き、線と線の間を均等に書くことで安定した心を養い、左右のはらいをバランスよく長めに書くことで自分らしく生き生きと、内面の磨かれた美しい人に。

| | | | | | |
|---|---|---|---|---|---|
| 美 | 美 | 美 | 美 | 美 | 美 |
| 美 | 美 | 美 | 美 | 美 | 美 |
| 美 | 美 | 美 | 美 | 美 | 美 |
| 美 | 美 | 美 | 美 | 美 | 美 |
| 美 | 美 | 美 | 美 | 美 | 美 |
| 美 | 美 | 美 | 美 | 美 | 美 |
| 美 | 美 | 美 | 美 | 美 | 美 |
| 美 | 美 | 美 | 美 | 美 | 美 |

・論理的思考、安定したメンタル
・自分らしく生き生きと

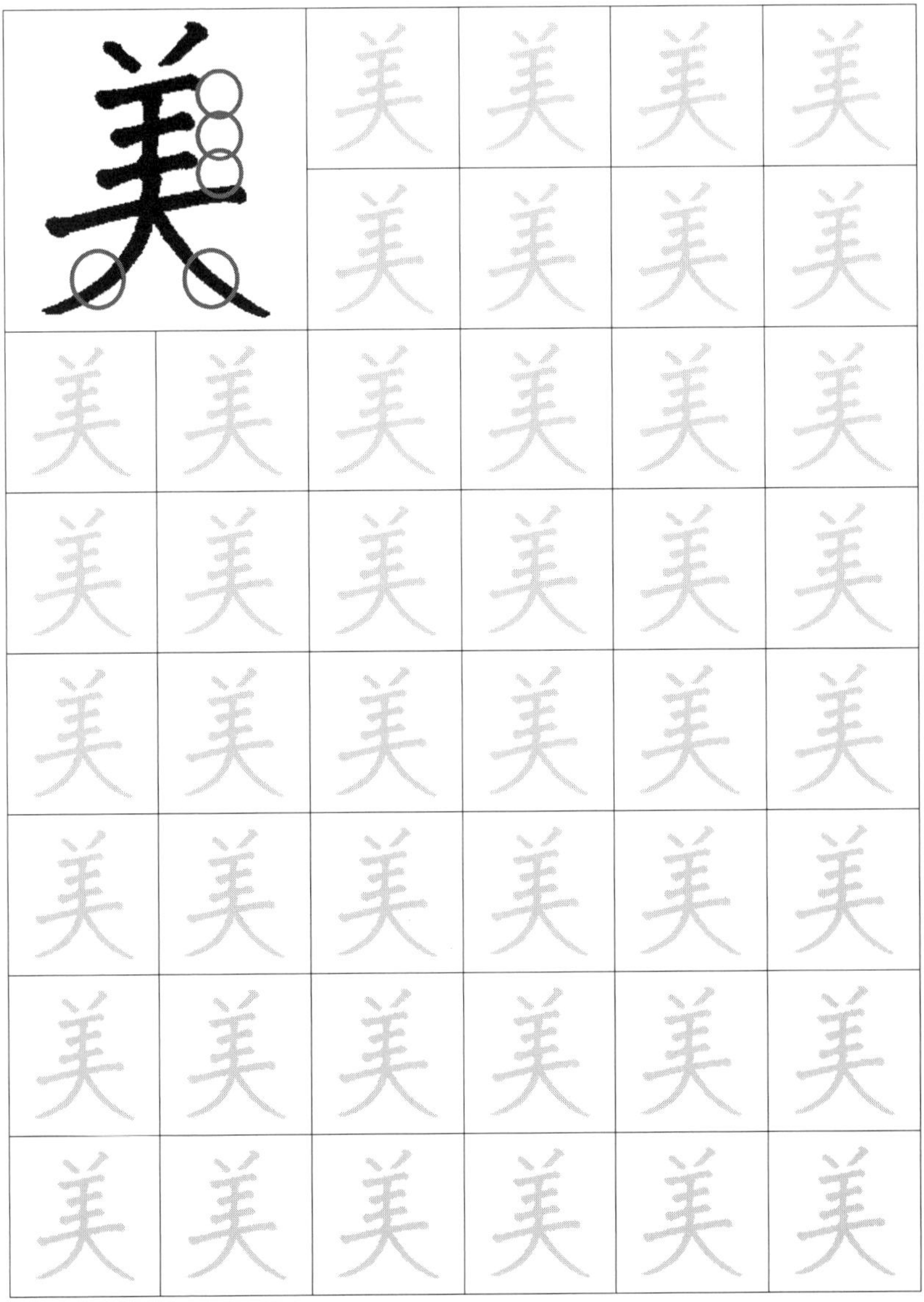

**陽**：こざと偏は、もとは、阝の形で、神が天と地を昇り降りする時に使うはしご（階段）の形。玉（日の部分。ぎょくと読み、中国で美しい石、宝石の総称。）を台（一）の上に置き、玉の光が下に向かってさしている形。神のはしごの前に玉を置き、神の威光を示し、光輝いた明るくなるイメージ。

・人、モノ、情報などを受け入れる。
・論理的思考、安定したメンタル
・蓄積と循環を意味する。
・包容力、心の広さ。
・うっかりミスやツメの甘さの軽減

**寿**：めでたいこと、祝いの言葉、命の長いことなど、めでたい意味を持つ寿。線と線の間を均等に書くのは、冷静、平等で安定した姿勢、行動が計画的なことのあらわれ。ハネを強く書くことで、粘り強さや責任感を養い、周囲からの信頼もあつい人に。

・論理的思考、安定したメンタル
・粘り強さ、責任感

**叶**：夢や目標を10回口にすると叶うとも言われる叶。口は、神への祈りである祝詞を入れる器の形、縦線を下方向へ長く書くのは、平凡では満足いかず、より良い結果を求める向上心、人並み以上の努力を惜しまない気持ちのあらわれ。

| | | | | | |
|---|---|---|---|---|---|
| 叶 | 叶 | 叶 | 叶 | 叶 | 叶 |
| 叶 | 叶 | 叶 | 叶 | 叶 | 叶 |
| 叶 | 叶 | 叶 | 叶 | 叶 | 叶 |
| 叶 | 叶 | 叶 | 叶 | 叶 | 叶 |
| 叶 | 叶 | 叶 | 叶 | 叶 | 叶 |
| 叶 | 叶 | 叶 | 叶 | 叶 | 叶 |
| 叶 | 叶 | 叶 | 叶 | 叶 | 叶 |
| 叶 | 叶 | 叶 | 叶 | 叶 | 叶 |

・人、モノ、情報などを受け入れる。
・より良い結果を求める上昇志向
・蓄積（口の書き方）、循環（へんとつくりを開ける）
・うっかりミスやツメの甘さの軽減
・金運アップ
・モチベーションアップ

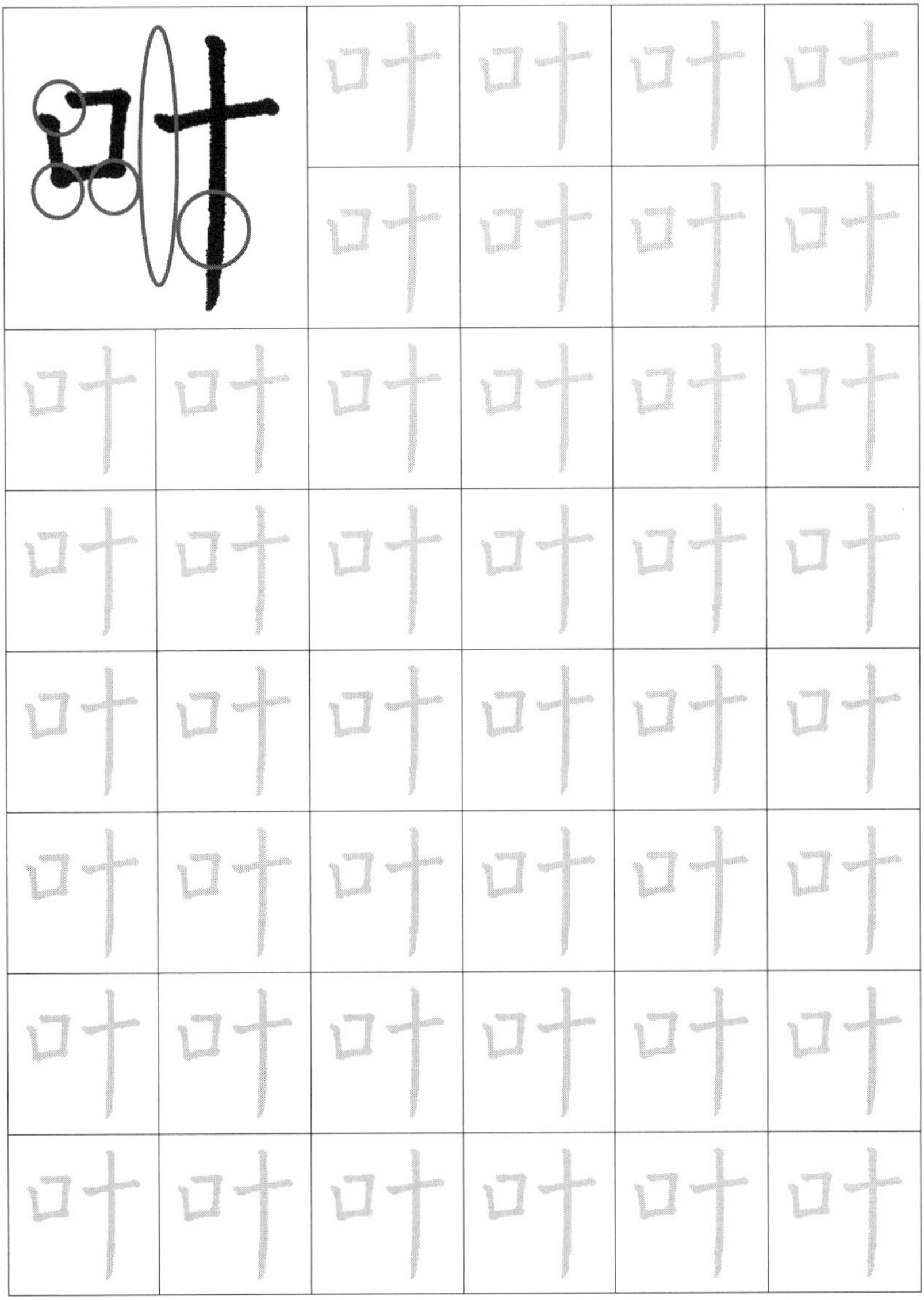

# 参考文献

「第三の発見・筆跡の科学」　森岡恒舟（相藝会）
「筆跡診断・基礎篇」　森岡恒舟（相藝会）
「筆跡診断・応用篇」　森岡恒舟（相藝会）
人の性格・行動・相性をズバリ解明！筆跡診断　根本寛（廣済堂出版）
筆跡を変えればお金が儲かる　竹内千絵（自由国民社）
白川静博士の漢字の世界へ　福井県教育委員会（平凡社）
自動的に夢がかなっていく　ブレイン・プログラミング　アラン・ピーズ&バーバラ・ピーズ（サンマーク出版）
ほんとうの自分がわかる　ことだま50音「名前」占い　水蓮（ディスカヴァー・トゥエンティワン）
〝きれいな字〟の絶対ルール　青山浩之（日経ＢＰ社）
脳トレ書道のススメ　福山秀直　青山浩之（二玄社）

# 参考文献

脳を育て、夢をかなえる　川島隆太（くもん出版）
「字」を変えると人生はうまくいく！　小山田香代（三笠書房）

なりたい自分になれる
文字のちから

著　者　小山田香代
発行者　真船美保子
発行所　KK ロングセラーズ
東京都新宿区高田馬場 2-1-2　〒 169-0075
電話（03）3204-5161（代）　振替 00120-7-145737
http://www.kklong.co.jp

印　刷　大日本印刷（株）
製　本　（株）難波製本
落丁・乱丁はお取り替えいたします。※定価と発行日はカバーに表示してあります。
ISBN978-4-8454-2443-6　Printed In Japan 2019